高等职业教育汽车类专业新型活页工作手册式系列教材

系列教材主编：戚文革　邹玉清

汽车发动机故障诊断与维修

范真维　李　明◎编著

中国铁道出版社有限公司
CHINA RAILWAY PUBLISHING HOUSE CO., LTD.

内容简介

本书为贯彻国务院印发的“职教20条”文件精神，落实“新型活页式、工作手册式”职业教育教材的要求而编写。它是依据学生中心、能力本位、成果导向等理论，充分考虑“1+X”证书要求，融专业教育、课程思政、创新教育于一体，充分体现职业教育是“学习如何工作的教育”的本质要求，面向学生学习，校企双元合作开发的新型活页式、工作手册式能力本位教材。

全书共四个项目，包括检修汽车发动机动力不足、检修汽车发动机怠速不稳、检修汽车发动机无法启动、检修汽车发动机异响故障。

书中配备视频、动画等电子资源二维码，并配套开发了教学工作页和助教课件等教学资源。

本书适合作为高职高专院校和其他职业学校汽车类专业的教材，也可作为有关人员的岗位培训教材。

图书在版编目（CIP）数据

汽车发动机故障诊断与维修 / 范真维，李明编著 . —北京：中国铁道出版社有限公司，2022.1
高等职业教育汽车类专业新型活页工作手册式系列教材
ISBN 978-7-113-28562-3

Ⅰ. ①汽… Ⅱ. ①范… ②李… Ⅲ. ①汽车-发动机-故障诊断-高等职业教育-教材②汽车-发动机-车辆修理-高等职业教育-教材 Ⅳ. ①U472.4

中国版本图书馆 CIP 数据核字(2021)第249967号

书　　名：汽车发动机故障诊断与维修
QICHE FADONGJI GUZHANG ZHENDUAN YU WEIXIU
作　　者：范真维　李　明

策　　划：尹　鹏　何红艳　　　**编辑部电话：**（010）63560043
责任编辑：何红艳　绳　超
封面设计：刘　颖
责任校对：安海燕
责任印制：樊启鹏

出版发行：中国铁道出版社有限公司（100054，北京市西城区右安门西街 8 号）
网　　址：http://www.tdpress.com/51eds/
印　　刷：北京联兴盛业印刷股份有限公司
版　　次：2022 年 1 月第 1 版　2022 年 1 月第 1 次印刷
开　　本：787 mm×1 092 mm 1/16　**印张：**10.25　**字数：**275 千
书　　号：ISBN 978-7-113-28562-3
定　　价：48.00 元

高等职业教育汽车类专业新型活页工作手册式系列教材

编审委员会

作者简介

范真维，吉林电子信息职业技术学院汽车实训教研室主任，讲师，汽车维修工技师，吉林省青年技术能手，吉林省汽车维修行业协会技术专家委员会委员。主持省级课题1项，主持院级课题3项，发表核心论文1篇，省级期刊10余篇，参与编写汽车类教材2部。曾荣获全国职业院校教师大赛“汽车全电气系统检测与维修项目”个人二等奖，指导学生参加吉林省高职院校职业技能大赛，获得一等奖2次，二等奖2次，三等奖3次。

李明，长春旭阳工业（集团）股份有限公司高级工程师，具有三十年汽车行业从业经历。

序

自从2019年国务院发布的《国家职业教育改革实施方案》提出“倡导使用新型活页式、工作手册式教材”之后，教材建设就成为职业教育改革的热词，2020年国家教材建设奖的设立极大地提升了教材的地位，更是将教材建设推到了职业教育改革的浪尖潮头。

教材里有什么？

这是必须明确的一件事。

是不是知识本位教材里有知识而能力本位教材里有能力呢？答案是明确的，无论知识本位教材还是能力本位教材，教材里只有知识而没有其他任何东西。

区别何在？

知识本位教材是将学科知识从命题概念出发，在空间上按照演绎逻辑进行组织、呈现的。

能力本位教材是将工作知识从具体事物出发，在时间上按照归纳逻辑进行组织、呈现的。

知识本位教材的功能是培养学生演绎推理能力，目的是发现更多知识，探索未知领域。

能力本位教材的功能是培养学生归纳推理能力，目的是处理具体事务，解决现实问题。

这是一个大概的区分，但这是一个直指本源的区分，这一内在逻辑的区别决定了职业教育与普通教育教材类型的基因差异。

职业教育教材应该“长什么样，内容如何呈现，具备什么功能”，是由职业教育类型属性决定的，职业教育就是“学习如何工作的教育”，那么教材就应该呈现“工作原貌”，只有将“工作原貌”呈现出来，才能够实现学习“如何工作”的目的。抓住了这一根本性的问题，就能将职业教育教材与普通教育教材彻底区别开来。

怎样呈现“工作原貌”呢？

任何一项工作都是由六个要素构成的，即工作对象、工作内容、工作手段、工作组织、工作产品和工作环境。

工作六要素所对应的知识，即工作对象知识、工作内容知识、工作手段知识、工作组织知识、工作产品知识和工作环境知识。

对于一项工作，如果将工作六要素知识寻找并罗列出来，合辑成册，是不是可以看做是职业教育的教材呢？

按照教材里只有“知识”和职业教育就是“学习如何工作的教育”这两条标准判断，显然这一合辑成册的书无疑就是职业教育的教材。

继续深入分析，工作六要素知识两种有价值的排列方式，一种是并列排列，将六要素知识平铺在纸上就可以了，这是工作六要素知识的静态呈现——这种排列方式并不鲜见，如常见的机械设计手册等。

如果将工作六要素里的工作内容知识按照其在工作中出现的时间顺序排列就会发现，这构成了一项具体工作的职业行动体系，其他五个工作要素知识构成了支撑这个职业行动得以进行下去的职业知识，按照这一逻辑，我们发现工作六要素知识可以如图 1 排列，这样排列的好处就是将工作要素知识的内在联系通过职业行动建立起来了，使工作六要素动态呈现出来，不仅能够更好地表达了“工作原貌”，更是表达了“工作逻辑”，使学习者更易理解“工作本身”以及实现学习“如何工作”这一目的。

职业行动 = 工作内容知识序化	职业知识 = 其余工作五要素知识
1	工作对象知识 工作手段知识 工作组织知识 工作产品知识 工作环境知识
2	
⋮	
n	

图 1　工作六要素知识时序逻辑

仅此还是不够的，职业教育教材不仅要呈现工作要素知识，表达“工作逻辑”，还要服务于学生学习这一根本要求，因此，职业教育教材必须按照认知规律和职业成长规律选取和呈现工作要素知识。

认知规律通常表述为从“从低级到高级，从简单到复杂”，什么是“简单和复杂”“低级和高级”呢？布鲁姆的教育目标分类是我们可以依据的一个科学原理。

本耐、德莱福斯、劳耐尔对职业能力成长规律的研究成果得到了普遍的认同，从初学者 / 新手—生手—熟手—能手—专家 / 高手的职业能力成长的过程中，使我们得以窥见职业教育与普通教育互为起点与终点的正好相反的学习过程。

综上所述，工作要素知识以静态或者动态方式按照认知规律、职业成长规律排列，构成职业教育教材的知识种类与排列的基本的序化逻辑。

本系列教材是以工作要素知识的动态形式，按照认知规律和职业成长规律选取工作内容来组织、呈现工作原貌的。

教材以活页装订、留白处理、多元目录索引、职业行动与职业知识左右对应排版、知识表格化处理，全书用色块区分不同内容等手段，表达重点清晰醒目，并配以二维码视频动画资源，极大地方便了检索查阅，充分体现自主学习功能和手册性质。

同时，以标语彰显、主题镶嵌和星火相融三种方式将创新教育以及课程思政融于专业教育始终，使教材具备了“专业、创新、思政”三育融合的内容与功能。

采用镶嵌、替换方式将“1+X”融入相关内容之中，满足职业技能等级鉴考评定需求。每一个学习项目设置一个迁移性学习考核项目，满足了学分银行学习成果认证需要。

吉林电子信息职业技术学院在汽车专业群、机械专业群、冶金专业群系统开展的提高育人有效性的教学改革中，从 2016 年开始尝试“活页式、工作手册式”教材编写与教学实践，取得了良好效果。

是为序。

戚文革

2021 年 8 月 20 日

前 言

职业教育教材建设进入了新时代。2019年国务院发布的《国家职业教育改革实施方案》（简称“职教20条”）开篇就明确了职教与普教的类型区别，更是第一次以国家文件的高度对教材形式提出了具体要求。职教20条第九条“……建设一大批校企‘双元’合作开发的国家规划教材，倡导使用新型活页式、工作手册式教材并配套开发信息化资源。”这背后的逻辑是什么？职业教育教材建设必须思考：新型活页式、工作手册式教材的内涵是什么？职业教育教材如何体现“新型”“活页式”“工作手册式”三个关键要素？“新型活页式、工作手册式”教材须具备什么样的功能？

本书着重把握新型活页式、工作手册式教材的深刻内涵和承载的功能，遵循能力本位、学生中心、成果导向等职业教育基本规律，将专业教育、创新教育、课程思政以及“1+X”融为一体，教材功能指向职业能力培养，充分体现职业教育类型特征。

职业教育是“学习如何工作的教育”。因此，本书将完整展现职业行动的工作原貌作为第一原则，将工作内容序化为职业行动，构成职业行动体系，辅以支撑职业行动的职业知识。为了清晰表达工作原貌，在具体版面设计上，采用横版排版，一页纸分为左右对称两部分，左侧为职业行动，右侧为支撑职业行动得以开展的职业知识。

具体表现：页面左侧为序化的职业行动——作业准备、拆卸、检修、安装，形成职业行动体系，作为教材结构逻辑；页面右侧为支撑职业行动的技术标准、规范、要求、原则、方法、原理等理论知识、技术理论知识、技术实践知识以及经验性知识，其中以技术实践知识为主，并进行表格化处理以方便查阅，体现手册式特征。

全书共四个项目，包括检修汽车发动机动力不足、检修汽车发动机怠速不稳、检修汽车发动机无法启动、检修汽车发动机异响故障。

书中配备视频、动画等电子资源二维码，并配套开发了教学工作页和助教课件等教学资源。

每个项目包含四部分内容：第一部分是项目概述，包括项目描述、项目要求、学习目标和学习载体；第二部分是项目实施，包括职业行动、职业知识和任务测评；第三部分是学习考评，包括考评项目、实施准备、验证方法与标准和考评报告；第四部分是课程思政，包括页脚标语、拓展阅读。

本书编写紧紧围绕新型活页式、工作手册式教材本质特征，具备如下特点：

1. 体现能力本位功能，突出职业能力培养

将项目或任务的工作内容序化为完整的工作过程，建立工作六要素（工作对象、工作内容、工作手段、工作组织、工作产品、工作环境）之间的内在联系，展示工作原貌，在完成职业活动过程中不断积淀职业能力。

2. 体现学生中心思想，以方便学生学习为第一原则

活页装订方便学生增添新知识、新技能以及学习心得，页面留白处理方便学生学习记录，多元目录索引方便学生学习查阅。

3. 体现成果导向教育思想，满足学分银行认证要求

“职教20条”第8条指出“加快推进职业教育国家‘学分银行’建设，从2019年开始，探索建立职业教育个人学习账号，实现学习成果可追溯、可查询、可转换。”学习成果认定是学分银行实施的基础，为此，本书每一个项目最后，都设计了一个学习成果认定考核方案，供师生参考选择。

4. 适应“1+X”证书制度，内容选取参考职业技能等级标准

在“1”的基础上，针对职业要求进行拓展和补充，将汽车职业技能等级标准有关内容及要求有机融入教材中，实现课证融通。

5. 体现“专业＋思政＋创新”时代要求，实现三育融合

本书每个项目的页脚采用蕴含思政元素和创新元素的标语式语句，寓教于名言警句——标语彰显式。本书选定汽车故障诊断维修思维作为创新和思政主题，按此主题选取四个拓展短文，每个项目一个主题短文，寓教于短文之中——主题镶嵌式。每个任务拓展训练中紧密结合任务内容通过思维导图将思政元素和创新元素融入其中，寓教于水乳交融之中——星火相融式，实现了在专业教育中突出“人的底色”与创新素质的培养目标。

6. 辅以信息化数字资源，教材内容立体呈现

本书配套开发设计了教学工作页、教学课件、任务工单、习题作业及视频、动画等数字资源，方便师生学习查阅。

7. 图文并茂，职业知识表格化处理，突出“手册式”功能

本书编写时选用了大量图例，文字力求简练、通俗，内容简明扼要，职业知识表格化处理，便于快速查阅。

8. 增加新技术、新工艺、新规范，增强教材时效性

本书在选用学习载体和学习内容时，充分考虑涡轮增压、缸内直喷、可变气门升程等既成熟可靠，又代表现阶段我国汽车行业发展的最新成就的汽车发动机新技术，增强了教材的时效性。

9. 校企双元合作开发，充分融入职业要素

本书共四个项目，范真维编写了项目一至项目三，李明编写了项目四。全书由王磊、刘长春审稿。

由于编著者水平有限，书中难免有疏漏之出，恳请广大读者批评指正。

编著者

2021年8月

目　录

视频 / 动画目录

项目一　检修汽车发动机动力不足

学习笔记

一、项目描述

完成大众迈腾1.8T汽车发动机动力不足故障诊断与维修作业。

二、项目要求

符合大众迈腾1.8T汽车发动机技术要求和标准，正确使用专用工量具、专用检测仪器，完成汽车发动机动力不足故障检修作业。

（1）检修空气流量计；

（2）检修电子节气门；

（3）检修燃油供给系统；

（4）检修独立点火系统；

（5）检修爆震传感器。

三、学习目标

（1）准确描述汽车发动机空气流量计传感器、电子节气门故障诊断方法；

（2）准确描述汽车独立点火系统、燃油供给系统、爆震传感器故障诊断方法；

（3）规范地对空气流量计故障进行检修；

（4）规范地对电子节气门系统故障进行检修；

（5）规范地对燃油供给系统故障进行检修；

（6）规范地对独立点火系统故障进行检修；

（7）规范地对爆震传感器故障进行检修；

（8）养成安全、环保、“5S”[①] 作业的好习惯；

（9）建立汽车故障判断思维模式。

四、学习载体

现有一车主驾驶大众迈腾1.8T这款车，最近发现自己爱车动力不足，偶尔发动机最高转速只能达到3 000 r/min，最高车速只有80 km/h。经过4S店维修人员对这款车的发动机进行具体分析，发现其故障原因与进气系统的空气流量计、电子节气门、燃油供给系统、独立点火系统、爆震传感器等有关，所以为了解决这款车动力不足的问题，需要从上述空气流量计、电子节气门、燃油供给系统、独立点火系统、爆震传感器入手检测维修。大众迈腾1.8T汽车发动机动力不足故障分析见下图。

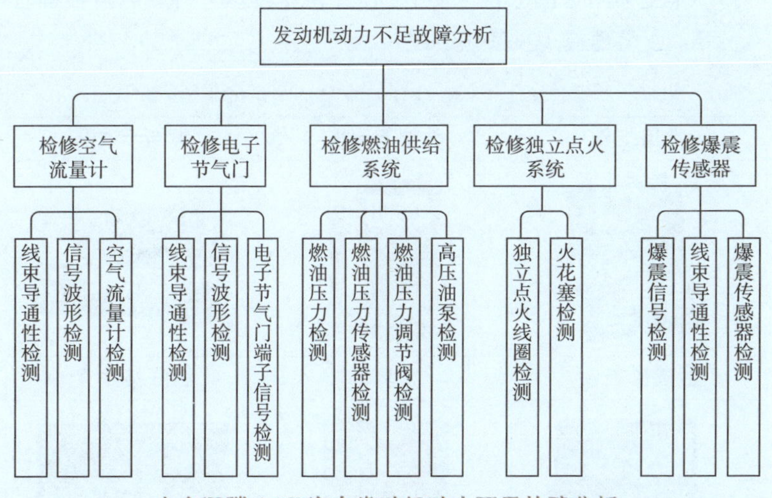

大众迈腾1.8T汽车发动机动力不足故障分析

① 5S指整理、整顿、清扫、清洁、素养，下同。

学习笔记

任务一　检修空气流量计

职业行动

步骤一：确认故障现象

维修人员试车发现客户车辆确实存在动力不足现象，初步判断是空气流量计故障。

步骤二：作业准备

1. 作业场地

配有尾气抽排系统和消防设施的汽车维修作业场地。

2. 设备设施

大众迈腾 1.8T 汽车、举升工位、汽车维修三件套、垃圾桶。

3. 工量辅具（见表 1-1-1）

表 1-1-1　检修空气流量计工量辅具

常用工具	数字万用表	数字示波器
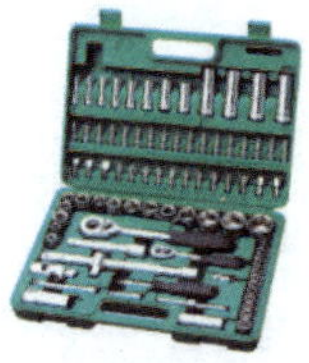		
故障诊断仪	**工具车**	**208 接线盒**
		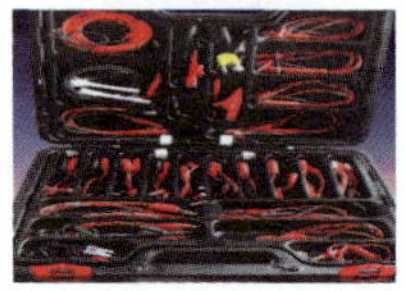

职业知识

汽车发动机动力不足故障分析

- 空气流量计或进气压力传感器故障导致空燃比失调。
- 节气门调整不当，不能全开，导致发动机进气不足。
- 气缸压力不足，发动机进气、排气系统堵塞或漏气，导致进气、排气不顺畅。
- 燃油压力过低导致喷油量不足，混合气变稀。
- 点火正时不当或高压火太弱，导致发动机燃烧不好。
- 废气涡轮增压器不工作或工作不良，导致发动机无增压效果。
- 爆震传感器等出现问题导致电控系统控制不精确

尾气抽排系统

实物图片	操作方法
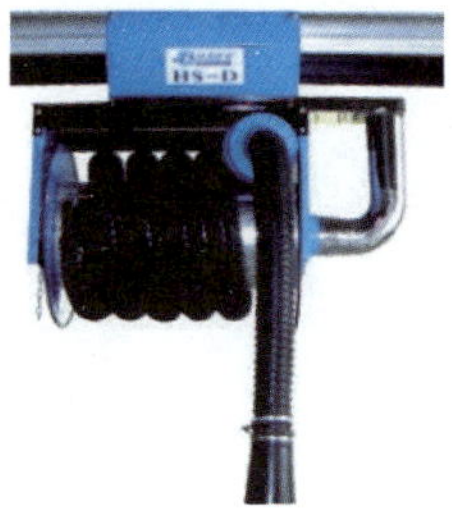	• 根据尾气抽排系统与车辆的距离将尾气排管移动和调节到车辆排气管位置。 • 将尾气排管牢固可靠地接到车辆排气管上，使其能有效捕获尾气。 • 启动电源，让抽排系统电动机正常运行。 • 收集尾气

八分判断二分修。

4. 耗材

线束、干净抹布、空气流量计等。

步骤三：空气流量计故障诊断与维修

1. 诊断仪读取故障码

使用故障诊断仪 VAS6150 读取发动机控制单元故障码，显示空气流量计 G70 不可靠信号。

2. 铺好维修三件套，检测空气流量计 G70

（1）确定空气流量计 G70 的安装位置，如图 1-1-1 所示。

图 1-1-1　空气流量计 G70 的安装位置

（2）检查空气流量计插头有无松动和氧化现象，连接线束有无破损。

（3）查阅汽车发动机电路图，找到空气流量计 G70 引脚端子，如图 1-1-2 所示。

（4）使用万用表对空气流量计 G70 的 3 号端子进行电压测量，如图 1-1-3、图 1-1-4 所示。

灭火器

实物图片	操作方法
	• 将灭火器上下颠倒几次，使里面的干粉松动。 • 拔掉保险销，一般为铅封或者塑料保险销，直接用手拉住拉环，使劲向外拉就可以将保险销拉掉。 • 拉掉保险销后，一只手握住压把，另一只手抓好喷管，将灭火器竖直放置；当用力按下压把时，干粉便会从喷管里面喷出。 • 喷射时，要对准火焰根部，站在上风向离火焰根部距离 3 m 左右

示波器

实物图片	操作方法
	• 校准示波器出现方波。 • 根据实际测量要求选择通道 1 或者通道 2，然后连接探针，将探针按要求接入被测元器件引脚，进行波形检测。 • 根据实际被测元器件进行幅度、频率、位置调整，最终出现理想的被测波形

学习笔记

学习笔记

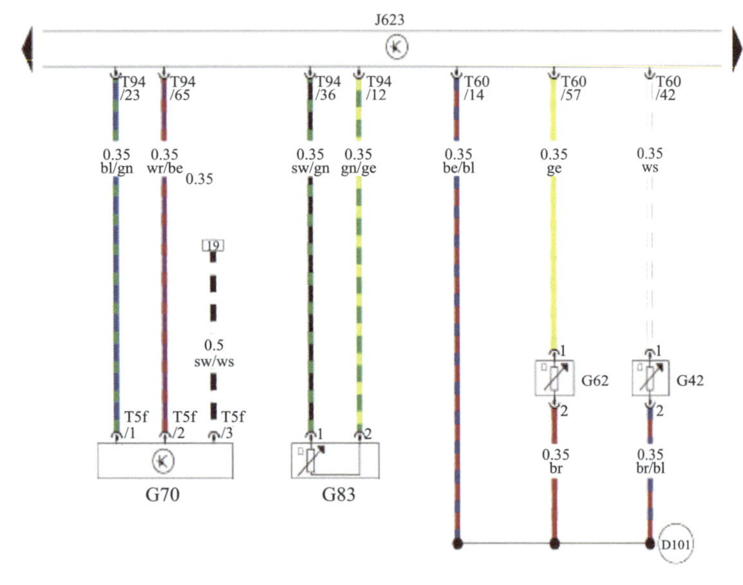

图 1-1-2　空气流量计电路图

图 1-1-3　万用表检测

图 1-1-4　万用表读数

（5）使用万用表对空气流量计 G70 的 2 号端子进行电阻测量，测得电阻值为 0.8 Ω，搭铁数据正常。

（6）使用万用表对空气流量计 G70 的 1 号端子进行信号线怠速电压测量，如图 1-1-5、图 1-1-6 所示。

故障诊断仪

实物图片	操作方法
	• 将诊断接头接入车辆中的诊断接口中，大众车辆为 OBD-Ⅱ插头。 • 打开点火开关（或者着车），启动故障诊断仪（软件）进行汽车发动机电控系统故障码读取、数据流读取、执行器件匹配等。 • 根据读取的故障码，辅助维修人员进行故障排查

数字万用表

实物图片	操作方法
	• 连接万用表测试表笔，将黑表笔插入 COM 插孔，根据被测参数将红表笔插入相应插孔，功能旋钮置于相应的参数及挡位上。 • 使用万用表测量之前应检测万用表是否正常。将功能旋钮置于蜂鸣挡，红黑表笔短接。听到蜂鸣响，万用表工作正常。 • 当不知被测电压或电阻范围时，将功能旋钮置于最大量程并逐渐下降。 • 如果显示“1”，表示过量程，功能开关应置于更高量程

八分判断二分修。

图 1-1-5　启动发动机

图 1-1-6　怠速信号线电压值

（7）使用万用表对空气流量计 G70 的 1 号端子进行信号线急加速电压测量，如图 1-1-7、图 1-1-8 所示。

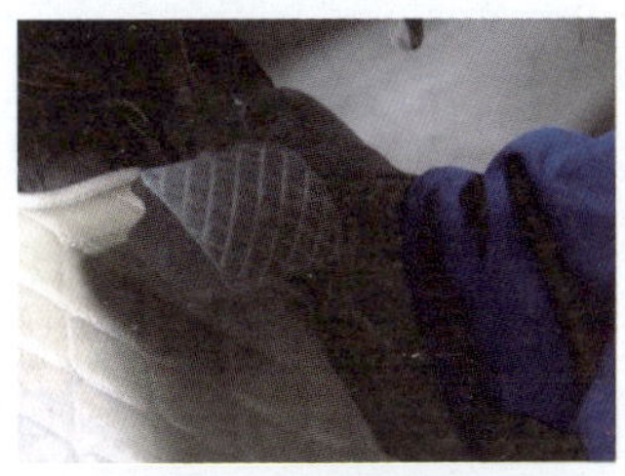
图 1-1-7　急加速时

图 1-1-8　急加速信号线电压值

（8）根据上述数据测量结果，初步判定空气流量计 G70 损坏。

3. 更换空气流量计，重新测量端子数据

（1）利用汽车维修工具拆卸原车空气流量计。

（2）利用汽车维修工具更换新的空气流量计。

（3）使用万用表重新对空气流量计 G70 的 1 号端子信号线进行电压值测量，如图 1-1-9、图 1-1-10 所示，数据结果正常。

空气流量计检测方法

端子引脚	引脚含义	测量方法及要求
端子 T5f/1	空气流量信号	• 将万用表调至 20 V 挡，对空气流量计传感器 1 号端子进行信号线测量，电压值在 0 到 5 V 之间。 • 启动发动机，怠速工况下，1 号端子电压值应在 2.5 V 到 3 V 之间。踩下加速踏板，急加速时测量电压值应该随着踩踏加速踏板位置变化，电压值也随之变化，正常应在 0 到 5 V 之间变化
端子 T5f/2	搭铁	• 将万用表调至 Ω 挡位，关闭点火开关。 • 断开空气流量计插接器。 • 测量 2 号端子与搭铁之间电阻值，正常应小于 1 Ω
端子 T5f/3	电源电压	• 将万用表调至 20 V 挡。 • 将无损探针插到空气流量计 3 号端子，然后将万用表红表笔插入探针，黑表笔接到蓄电池负极，进行供电电压检测。 • 测量电压值应为电源电压。电源电压标准值为 12 ～ 14 V
端子 T5f/4/5	空脚	端子 T5f/4 与端子 T5f/5 引脚为空引脚

学习笔记

图 1-1-9　怠速信号线电压值

图 1-1-10　急加速信号线电压值

4. 重新读故障码

使用故障诊断仪 VAS6150 重新读取发动机控制单元故障码，空气流量计故障码消失。

5. 读取空气流量计波形

（1）关闭点火开关，将检测探针插入空气流量计 1 号端子上。

（2）启动发动机，用示波器观察空气流量计信号波形。如图 1-1-11 所示，波形正常。

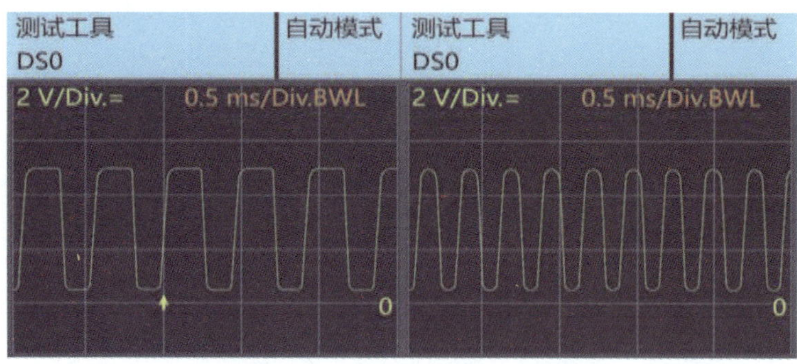

图 1-1-11　空气流量计信号波形

空气流量计功用及分类

功用	• 检测发动机进气量的大小。 • 将空气流量信号转换成电信号输入电控单元 ECU，根据 ECU 计算确定喷油时间和点火时间
分类	• 分为翼片式、卡门涡流式、热线式、热膜式四种，常用的是热线式和热膜式两种

热膜式空气流量传感器工作原理

- 热膜式空气流量计传感器采用热平衡原理来检测空气流量。
- 当空气流经温度补偿电阻和热膜电阻时，热膜电阻和温度补偿电阻受到冷却，温度降低，阻值减小。
- 当热膜电阻的阻值减小时，电桥电压就会失去平衡，控制电路将增大供给热膜电阻的电流，使其温度保持恒定（120 ℃）。
- 热膜式空气流量传感器工作原理如下图

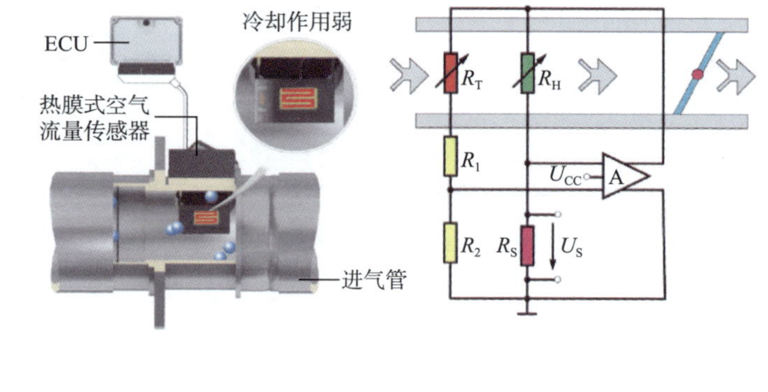

八分判断二分修。

6. 着车试车

重新启动发动机，着车试车，加速正常，故障排除完毕。

步骤四：车辆交付

将修复好的迈腾 1.8T 车辆交付给客户。

操作规范要求

- 穿着干净整洁的工作服。
- 穿工鞋、戴工帽。
- 实际操作时不可佩戴手表、戒指等金属饰品。
- 遵守场地安全规定，注意用电安全。
- 遵守 5S 操作要求，安全作业。
- 插拔诊断仪时一定要关闭点火开关。
- 正确使用万用表、故障诊断仪、示波器等工量具。
- 在检测空气流量计传感器时，严禁用力拉扯线束，正确插拔插接器

学习笔记

视频

1-1 空气流量计工作原理

视频

1-2 空气流量计检测

学习笔记

任务测评

一、知识测评

确定本任务关键词，按重要程度进行关键词排序并举例解读。

根据自己对重要信息捕捉、排序、表达、创新和划分权重能力进行自评，满分 100 分（见表 1-1-2）。

表 1-1-2　检修空气流量计传感器故障知识测评表

序号	关键词	举例解读	评分自定
1			
2			
3			
4			
5			
总分			

二、能力测评

对表 1-1-3 所列作业内容，操作规范即得分，操作错误或未操作即零分。

表 1-1-3　检修空气流量计传感器故障能力测评表

序号	作业内容	配分	得分
1	确认故障现象	20	
2	实施操作准备	20	
3	故障诊断维修	40	
4	故障排除验证	20	
总分		100	

三、素养测评

对表 1-1-4 所列素养点，做到即得分，未做到即零分。

表 1-1-4　检修空气流量计传感器故障素养测评表

序号	素养点	配分	得分
1	安全作业，无安全隐患	20	
2	保护环境，无乱扔乱倒	20	
3	规范标准，无野蛮操作	20	
4	团队协作，无不洽关系	20	
5	遵守场地 5S	20	
总分		100	

四、拓展训练

（1）请思考一下，空气流量计传感器如果出现问题除了导致发动机动力不足之外，还会导致发动机出现什么故障现象（25 分）。

（2）现 2013 款大众速腾车辆在行驶过程中动力明显不足，维修人员初步判断是空气流量计传感器故障，试制定检修流程并进行检修（25 分）。

（3）李琳是学习汽车检测与维修专业的，大学一毕业就来到了一家汽车 4S 店，成为一名汽车维修学徒工。学徒期间，李琳积极向师傅请教，进步很快，尤其是在汽车故障判断思维方面得到了师傅的高度认可。

请按图 1-1-12 所示思维导图格式，对检修空气流量计传感器的学习收获进行总结，同时至少搜集两个空气流量计传感器故障判断案例，谈一谈你对“故障判断思维”的理解（50 分）。

八分判断二分修。

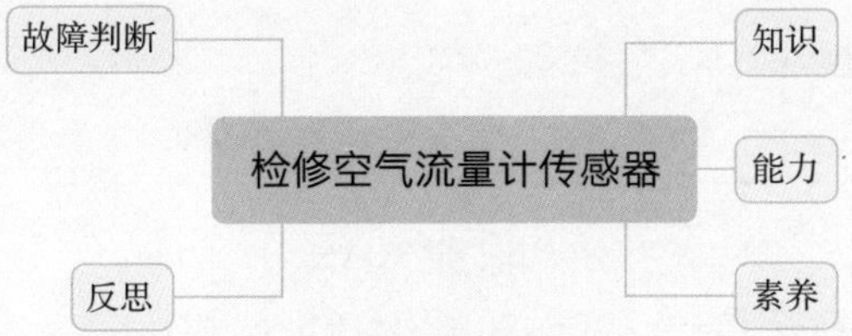

图 1-1-12　思维导图

学习笔记

任务二　检修电子节气门

职业行动

步骤一：确认故障现象

维修人员试车发现客户车辆确实存在动力不足现象，初步判断是电子节气门故障。

步骤二：作业准备

1. 作业场地

配有尾气抽排系统和消防设施的汽车维修作业场地。

2. 设备设施

大众迈腾 1.8T 汽车、举升工位、汽车维修三件套、垃圾桶、空压机、举升保护装置。

3. 工量辅具（见表 1-2-1）

表 1-2-1　检修电子节气门工量辅具

常用工具	数字万用表	数字示波器
故障诊断仪	工具箱	208 接线盒

职业知识

常用工具

实物图片	操作方法
	• 操作时，左手要握住手柄与套筒连接处，保持套筒与所拆卸或紧固的螺栓同轴线，切勿摇晃，以免套筒滑出或损坏螺栓、螺母的棱角。 • 右手要握住配套手柄，向拉动方向加力

208 接线盒

实物图片	操作方法
	• 根据汽车发动机各电器零部件插接器构造和特点，合理选择 208 接线盒中的无损探针、线束外接引线。 • 对接插接器引脚进行测量端子外延，保证不破坏线束。 • 利用万用表、故障诊断仪等检测仪器针对外延端子进行电器零部件电压、电阻、波形等参数测量

善于思考的人思路千万条。

学习笔记

4. 耗材

熔丝、线束、干净抹布、电子节气门系统等。

步骤三：电子节气门故障诊断与维修

1. 诊断仪读取故障码

使用故障诊断仪 VAS6150 读取发动机控制单元故障码，显示 00545 P0221 节气门驱动装置角度传感器 2-G188，不可信信号静态，故障码不能清除。

2. 诊断仪读数据流

（1）使用故障诊断仪 VAS6150 读取发动机控制单元 62 组数据流，踩下加速踏板对比数据变化。

（2）根据数据显示为 0%、34%、14%、7%，有一组数据无变化，说明节气门位置传感器存在故障。

3. 铺好汽车维修三件套，检测电子节气门

（1）确定电子节气门的位置，如图 1-2-1 所示。

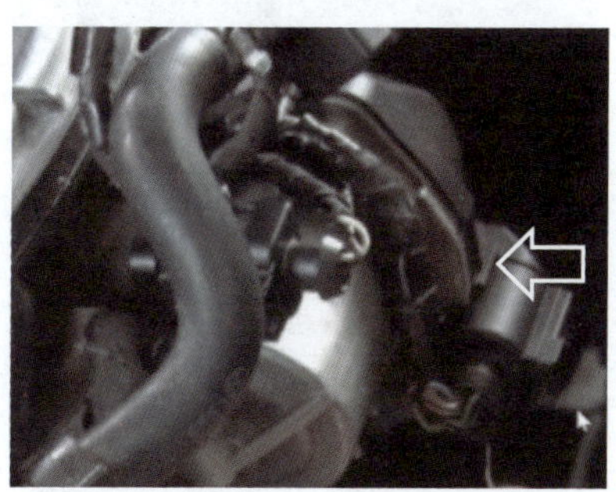

图 1-2-1　电子节气门安装位置

（2）查阅汽车发动机电路图，检查电子节气门位置传感器线束和引脚端子。

汽车维修三件套

实物图片	操作方法
	• 打开机舱盖，将维修三件套进行左右翼子板和汽车发动机舱前部的铺设。 • 将对应挂钩挂牢，防止脱落。 • 使用完毕后轻轻取下维修三件套，叠好放到指定位置存放

大众迈腾发动机电子节气门总成

组成	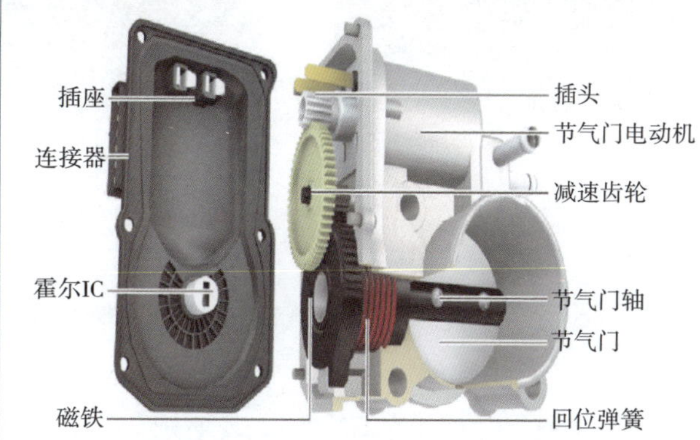
工作原理	驾驶员操纵加速踏板，加速踏板位置传感器产生相应的电压信号输入发动机电子控制单元。电子控制单元根据信号，分析判断出驾驶员意图，同时根据其他工况信息以及各种传感器信号，如发动机转速、挡位、节气门位置、空调负载等了解其他功率需求，计算出整车所需求的全部扭矩，进而判断节气门的最佳开度，并把相应的电压信号发送到驱动电动机模块，驱动电动机使节气门达到最佳的开度位置

学习笔记

（3）检查电子节气门连接插头有无松动和氧化现象，连接线束有无破损。

（4）使用万用表对电子节气门位置传感器引脚端子进行测量，对 2 号端子进行电压测量，数据正常，如图 1-2-2、图 1-2-3 所示。

图 1-2-2　2 号端子测量

图 1-2-3　2 号端子电压值

（5）使用万用表对电子节气门位置传感器 6 号端子进行电阻测量，阻值小于 1 Ω，正常。

（6）使用万用表对电子节气门位置传感器 4 号端子信号线进行电压测量，测量数值正确。

① 怠速时，如图 1-2-4、图 1-2-5 所示。

图 1-2-4　4 号端子测量

图 1-2-5　4 号端子电压值

② 加速踏板踩下一半时，测量电压值如图 1-2-6、图 1-2-7 所示。

加速踏板位置传感器功用

检测加速踏板踏量大小和变化速率并将产生的电压信号输入给发动机电子控制单元

迈腾 1.8T 电子节气门电路图

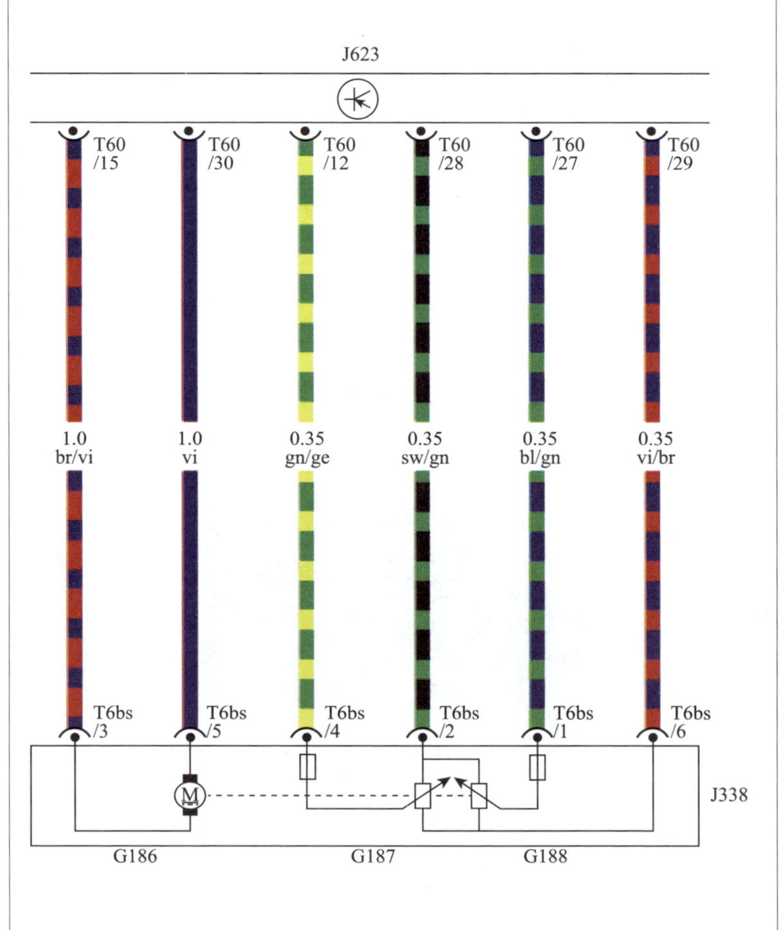

善于思考的人思路千万条。

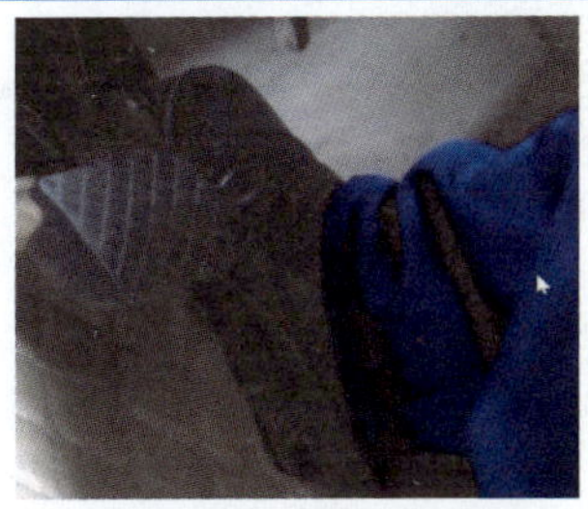

图 1-2-6　加速踏板踩下一半

图 1-2-7　4 号端子电压值

③ 加速踏板全部踩下时，测量电压值如图 1-2-8、图 1-2-9 所示。

图 1-2-8　加速踏板全部踩下

图 1-2-9　4 号端子电压值

（7）使用万用表对电子节气门位置传感器 1 号端子信号线进行电压测量，怠速时，如图 1-2-10、图 1-2-11 所示。

图 1-2-10　启动发动机怠速

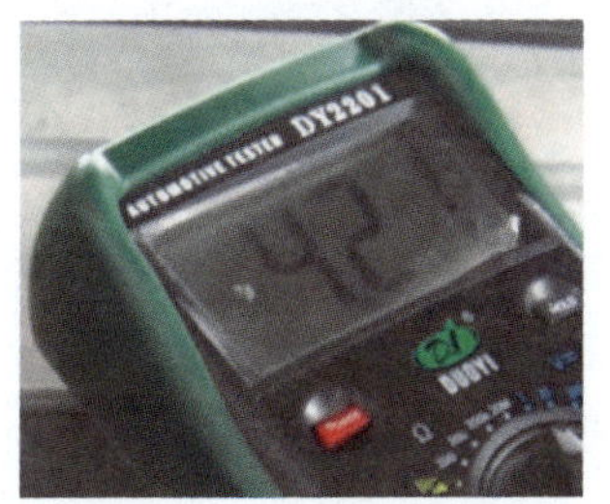

图 1-2-11　1 号端子电压值

迈腾 1.8T 发动机运行工况释义

怠速	发动机无负载运转状态，即离合器处于接合位置、变速器处于空挡位置，没有踩踏加速踏板，节气门开度为 0，系统默认值
部分负荷	发动机节气门由开度 0 逐渐打开，但是还没有完全打开这个过程，指发动机加速运行工况，比如加速踏板踩下一半
全负荷	发动机节气门全开（加速踏板踩到底），吸气量最大，输出功率最大的工况

迈腾 1.8T 电子节气门位置传感器检测方法

端子引脚	引脚含义	测量方法及标准
端子 T6bs/3、端子 T6bs/5	执行电动机控制线	• 断开节气门驱动电动机插头，利用万用表检测电动机的电阻应符合维修手册的要求
端子 T6bs/1、端子 T6bs/4	传感器 G188、G187 信号端子	• 将万用表调至直流 20 V 挡，启动发动机，踩下加速踏板。 • 将万用表红表笔接入 T6bs/1 端子和 T6bs/4 端子，应该有 0 ～ 5 V 变化的电压信号，同时两者电压值之和为 5 V，表示正常
端子 T6bs/2	传感器 G187、G188 共用电源	• 该电源是 ECUJ623 提供。 • 打开点火开关，利用万用表测量 2 号端子电压值应该是 5 V
端子 T6bs/6	传感器 G187、G188 共用搭铁	• 利用万用表测量 6 号端子与搭铁之间电阻，电阻值应小于 1 Ω

学习笔记

学习笔记

（8）使用万用表对电子节气门位置传感器 1 号端子信号线进行电压测量，加速踏板踩下一半及全部踩下两种情况，测得电压值没有变化。

（9）初步判断电子节气门传感器 G188 损坏，需要更换节气门控制组件。

4. 更换节气门控制组件，重新读故障码

（1）按照维修手册技术要求，更换电子节气门，进行匹配。

（2）使用故障诊断仪 VAS6150 重新读取发动机故障码，故障码消失。

5. 读取电子节气门位置传感器波形

（1）用示波器观察电子节气门位置传感器两路信号波形，波形正常。

（2）通道 1 为 G187 信号，通道 2 为 G188 信号，两路输出信号电压互补，并成反比例。

6. 着车试车

重新启动发动机，着车试车，加速正常，故障排除完毕。

步骤四：车辆交付

将修复好的迈腾 1.8T 车辆交付给客户。

迈腾 1.8T 电子节气门位置传感器正常波形

通道 CH1 为传感器 G187 信号，通道 CH2 为传感器 G188 信号。

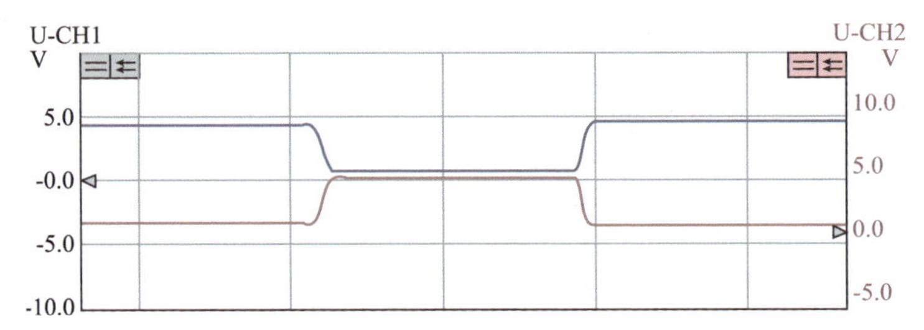

更换电子节气门操作方法

- 拆卸发动机罩。
- 拔下增压压力传感器和进气温度传感器。
- 拆下压力管。
- 轻轻断开电子节气门插头。
- 利用专用工具拆卸固定节气门的四根螺栓。
- 轻轻取下电子节气门。
- 更换新的电子节气门。
- 反序安装各零部件

视频

1-3 节气门位置传感器工作原理

视频

1-4 节气门位置传感器检测

善于思考的人思路千万条。

学习笔记

任务测评

一、知识测评

确定本任务关键词，按重要程度进行关键词排序并举例解读。

根据自己对重要信息捕捉、排序、表达、创新和划分权重能力进行自评，满分 100 分（见表 1-2-2）。

表 1-2-2　检修电子节气门故障知识测评表

序号	关键词	举例解读	评分自定
1			
2			
3			
4			
5			
总分			

二、能力测评

对表 1-2-3 所列作业内容，操作规范即得分，操作错误或未操作即零分。

表 1-2-3　检修电子节气门故障能力测评表

序号	作业内容	配分	得分
1	确认故障现象	20	
2	实施操作准备	20	
3	故障诊断维修	40	
4	故障排除验证	20	
总分		100	

三、素养测评

对表 1-2-4 所列素养点，做到即得分，未做到即零分。

表 1-2-4　检修电子节气门故障素养测评表

序号	素养点	配分	得分
1	安全作业，无安全隐患	20	
2	保护环境，无乱扔乱倒	20	
3	规范标准，无野蛮操作	20	
4	团队协作，无不洽关系	20	
5	遵守场地 5S	20	
总分		100	

四、拓展训练

（1）请思考一下，电子节气门如果出现问题除了导致发动机动力不足之外，还会导致发动机出现什么故障现象（25 分）。

（2）现 2012 款大众速腾车辆在行驶过程中动力明显不足，维修人员初步判断是电子节气门故障，试制定检修流程并进行检修（25 分）。

（3）今天李琳和师傅在店里接待一辆发动机动力不足的故障车辆。接车后，师傅让李琳根据车的故障现象分析判断一下故障可能的原因。李琳根据自己的维修经验，结合车辆故障现象梳理出五种可能原因，同时按照最常见原因排序。师傅对李琳的表现十分满意，赞赏他会运用发散思维思考问题。

请按图 1-2-12 所示思维导图格式，对检修电子节气门的学习收获进行总结，同时结合学习检修电子节气门的任务，搜集两个节气门故障案例，用“发散思维模式”对故障原因做判断（50 分）。

学习笔记

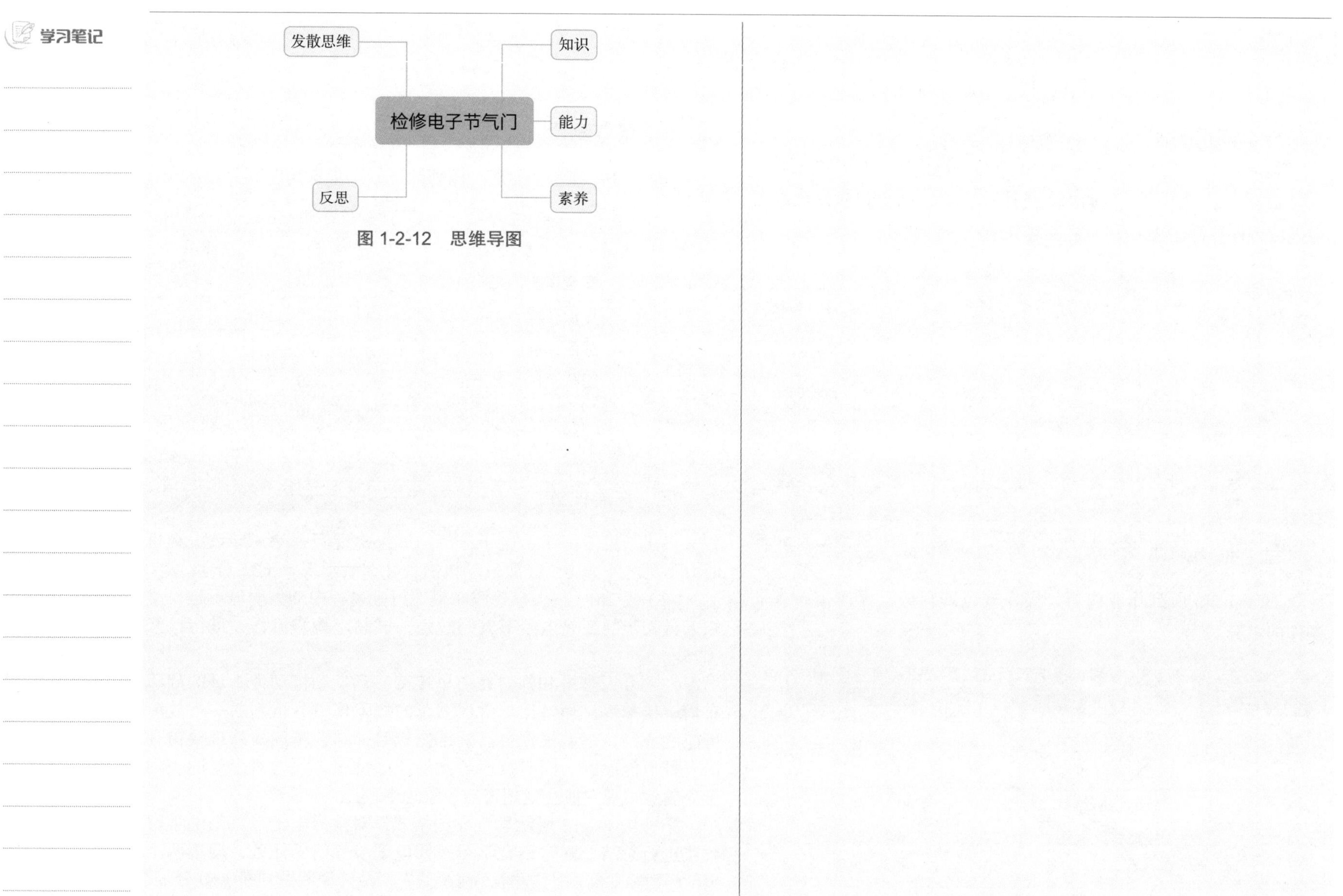

图 1-2-12 思维导图

善于思考的人思路千万条。

任务三　检修燃油供给系统

职业行动

步骤一：确认故障现象

维修人员试车发现客户车辆确实存在动力不足现象，且发动机最高转速只能达到 3 000 r/min。

步骤二：作业准备

1. 作业场地

配有尾气抽排系统和消防设施的汽车维修作业场地。

2. 设备设施

大众迈腾 1.8T 汽车、举升工位、集油车、汽车维修三件套、垃圾桶等。

3. 工量辅具（见表 1-3-1）

表 1-3-1　检修燃油供给系统工量辅具

常用工具	数字万用表	燃油压力表
故障诊断仪	**维修手册**	**208 接线盒**

职业知识

举升工位

实物图片	操作方法
	• 将车辆平稳停靠在举升工位上。 • 通过调整举升机支撑臂的长度，旋转支撑臂的角度支撑好车辆，保证支撑点可靠接触。 • 按下举升电动机按钮，使车辆平稳上升，观察车辆是否有倾斜，如果发现倾斜，立即停止举升，降落重新调整。 • 将车辆举升到合适位置，落保险，确保安全，准备车下维修作业

燃油压力表

实物图片	操作方法
	• 将燃油压力表串联到供给管路中之前，先进行卸压。 • 断开燃油管路，用无纺布或棉纱接在管路下方。 • 连接燃油压力表后，检查各个连接处是否牢固，确保无泄漏。 • 检查蓄电池电压，不得低于规定值。 • 进行燃油压力检测，记录数据

学习笔记

4. 耗材

熔丝、线束、干净抹布等。

步骤三：燃油供给系统故障诊断与维修

1. 铺设汽车维修三件套，检测燃油压力

（1）铺设汽车维修三件套，如图 1-3-1 所示。

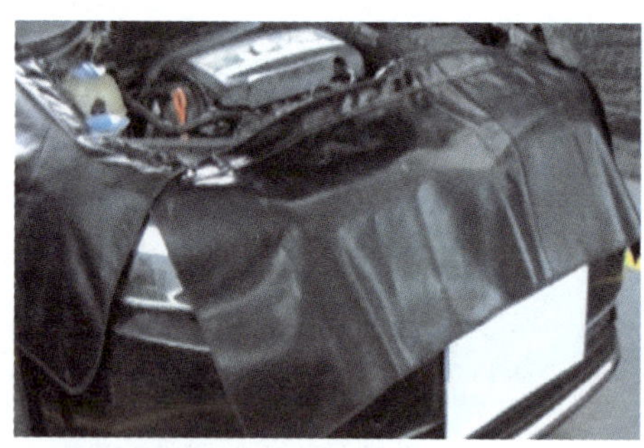

图 1-3-1　铺设汽车维修三件套

（2）安装燃油压力表，如图 1-3-2 所示。

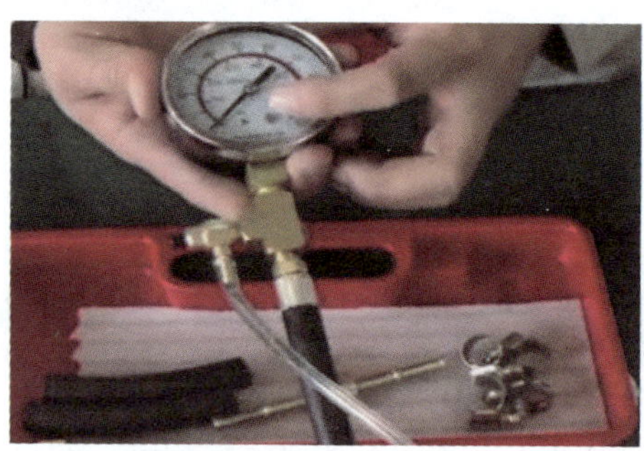

图 1-3-2　安装燃油压力表

（3）检测燃油压力，如图 1-3-3 所示。

（4）测量结果显示，汽车发动机怠速时油压偏低，油压仅为 0.7 MPa。

维修手册

实物图片	操作方法
修理手册 Magotan B7L 2012年型 电路图 版本：2012年01月	• 选择与维修车辆匹配的维修手册。 • 根据维修人员对车辆维修的部位查找维修手册目录。 • 根据维修手册目录确定查找零部件的页码进行具体查阅，根据查阅资料辅助维修人员维修车辆

燃油压力检测方法

- 拔掉燃油泵熔丝，启动发动机，让发动机自动熄火，启动发动机两至三次，释放残余压力。
- 将点火开关旋转到 OFF 位置，将燃油泵保险装进熔丝盒内。
- 拧松燃油分配器的进油管接头，注意用抹布收集流出的汽油。
- 选择合适的接头将油压表与燃油管路相连，连接燃油压力表后，检查各个连接处是否牢固。
- 打开点火开关，测量静态油压，查看是否漏油。
- 启动发动机，测量动态油压（怠速、加速）。
- 关闭点火开关，10 min 后，记录系统的保持油压

迈腾 1.8T 发动机燃油压力标准值

低压油泵油压	额定值应为 6 ～ 8 bar（1 bar=10^5 Pa）
正常怠速时油压	40 bar
保持压力	检测 10 min 后的油压，应至少为 3.75 bar

会思考才会有好前程。

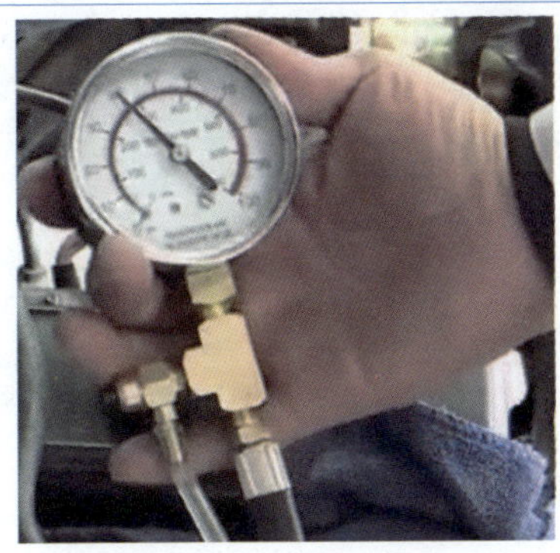

图 1-3-3　燃油压力检测

2. 检测燃油压力传感器

（1）根据维修手册，查找燃油压力传感器 G247 电路图如图 1-3-4 所示。

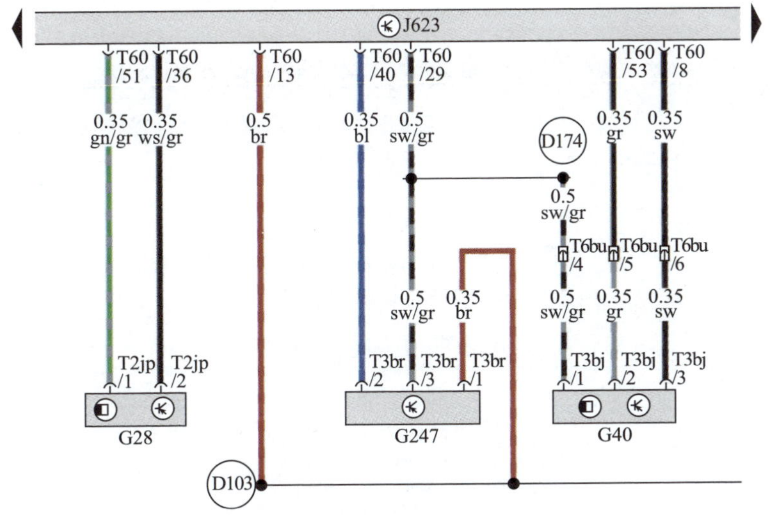

图 1-3-4　燃油压力传感器 G247 电路图

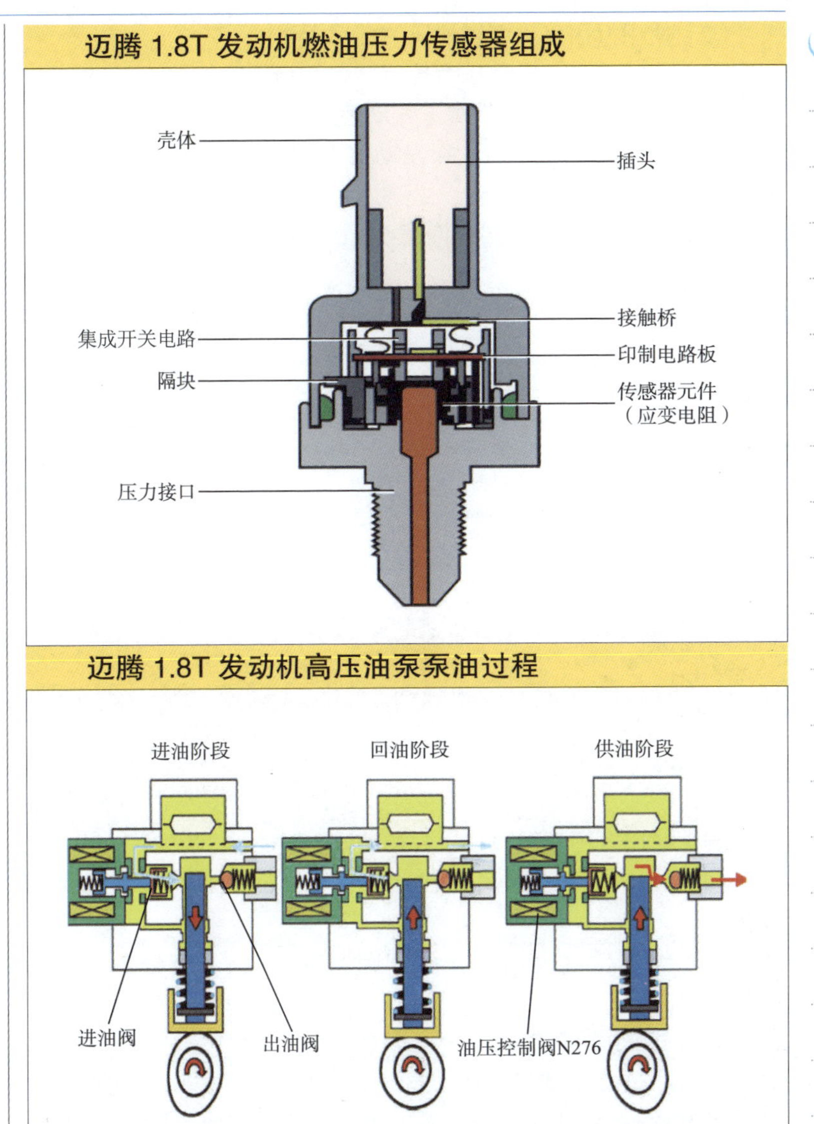

学习笔记

学习笔记

（2）使用万用表检测燃油压力传感器。

（3）通过检测，燃油压力传感器各数据信息正常。

3. 检测燃油压力调节阀（大众迈腾 1.8T）

（1）使用故障诊断仪读取发动机电控单元故障，显示燃油压力调节阀 N276 机械故障。

（2）根据维修手册，查询燃油压力调节阀 N276 电路图，如图 1-3-5 所示。

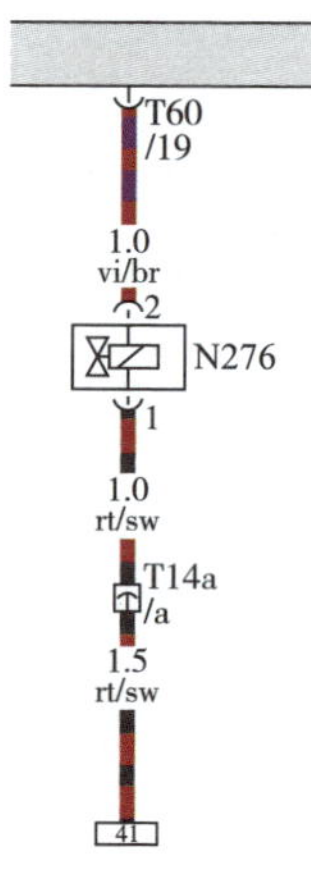

图 1-3-5 燃油压力调节阀 N276 电路图

（3）使用万用表对燃油压力调节阀 N276 进行检测。

（4）利用故障诊断仪执行元件功能测试，选择燃油压力调节阀。

（5）经过检测燃油压力调节阀 N276 各端子信号数据信息正常。

4. 检测高压油泵

（1）通过怠速试车发现，高压油泵有异响，同时燃油压力调节阀 N276 与高压油泵为一体式，根据上述燃油压力调节阀 N276 无异常，即对高压油泵进行拆卸更换。

迈腾 1.8T 发动机燃油压力传感器 G247 检测方法	
电源端子电压检测	• 断开燃油压力传感器连接器，将点火开关置于 ON 位置。 • 将万用表旋转开关置于直流电压挡，检测电源线的电压应为 5 V
输出信号端子检测	• 连接燃油压力传感器连接器，启动发动机并踩下加速踏板。 • 检测信号线端子电压应在 0 至 5 V 之间
搭铁端子检测	• 点火开关断开，断开燃油压力传感器连接器。 • 检测燃油压力传感器与发动机 ECU 对应端子的电阻，应小于 0.5 Ω。 • 检测燃油压力传感器线路与车身的电阻，应为 ∞

迈腾 1.8T 发动机燃油压力调节阀 N276 检测方法	
电源端子电压检测	• 点火开关 ON，利用万用表检测燃油压力调节阀 1 引脚电压。 • 测量电压值应为电源电压
搭铁端子检测	• 利用万用表测量电磁阀与电控单元相连的搭铁线的电阻。 • 阻值应小于 0.5 Ω
执行元件测试	• 利用诊断仪执行元件功能测试，选择燃油压力调节阀，应能听见电磁阀“哒哒”的声音，同时用手触摸电磁阀，应有振动。 • 检测燃油压力调节阀电磁线圈的电阻应符合规定值

会思考才会有好前程。

（2）更换高压油泵总成，重新读取故障码，故障码消失。

5. 着车试车

重新启动发动机，着车试车，加速正常，故障排除完毕。

步骤四：车辆交付

将修复好的迈腾 1.8T 车辆交付给客户。

操作规范要求

- 穿着干净整洁的工作服。
- 穿工鞋、戴工帽。
- 实际操作时不可佩戴手表、戒指等金属饰品。
- 遵守场地安全规定，注意用电安全。
- 遵守 5S 操作要求，安全作业。
- 正确使用万用表、故障诊断仪、示波器等工量具。
- 在检测传感器时，严禁用力拉扯线束，正确插拔插接器。
- 拆下高压油泵要轻拿轻放，避免磕碰和损坏

学习笔记

视频

1-5 燃油供给系统工作原理

学习笔记

任务测评

一、知识测评

确定本任务关键词，按重要程度进行关键词排序并举例解读。

根据自己对重要信息捕捉、排序、表达、创新和划分权重能力进行自评，满分 100 分（见表 1-3-2）。

表 1-3-2　检修燃油供给系统故障知识测评表

序号	关键词	举例解读	评分自定
1			
2			
3			
4			
5			
总分			

二、能力测评

对表 1-3-3 所列作业内容，操作规范即得分，操作错误或未操作即零分。

表 1-3-3　检修燃油供给系统故障能力测评表

序号	作业内容	配分	得分
1	确认故障现象	20	
2	实施操作准备	20	
3	故障诊断维修	40	
4	故障排除验证	20	
总分		100	

三、素养测评

对表 1-3-4 所列素养点，做到即得分，未做到即零分。

表 1-3-4　检修燃油供给系统故障素养测评表

序号	素养点	配分	得分
1	安全作业，无安全隐患	20	
2	保护环境，无乱扔乱倒	20	
3	规范标准，无野蛮操作	20	
4	团队协作，无不洽关系	20	
5	遵守场地 5S	20	
总分		100	

四、拓展训练

（1）请思考一下，发动机燃油供给系统如果出现问题，会导致发动机出现什么故障现象（25 分）。

（2）现 2012 款大众速腾车辆在行驶过程中动力明显不足，且发动机最高转速只能达到 3 000 r/min。维修人员初步判断是燃油供给系统故障，试制定检修流程并进行检修（25 分）。

（3）在汽车维修工眼里，对车辆进行电控故障检修是一件很难的事情。需要电路基础做保障，同时还要具有正确的故障判断思维模式。并且，这种故障判断思维模式不是一朝一夕就能够拥有的，这需要通过大量的维修案例进行学习思考并进行经验总结，很费时间和精力。好多汽车维修工都不爱修理汽车电控故障。但是维修工李琳不这么想，认为越是检修有难度的电控故障越能够让自己的技术快速提升，才能让自己脱颖而出。于是他每次都

会思考才会有好前程。

学习笔记

积极参与修理汽车电控故障，在维修过程中认真思考，总结经验案例，培养自己的故障判断思维模式。李琳的进步突飞猛进，得到了 4S 店领导和师傅的一致好评。

请按图 1-3-6 所示思维导图格式，对检修燃油供给系统的学习收获进行总结，用一个合适的词总结李琳的快速成长，将这个词填到空格里，并说明依据（50 分）。

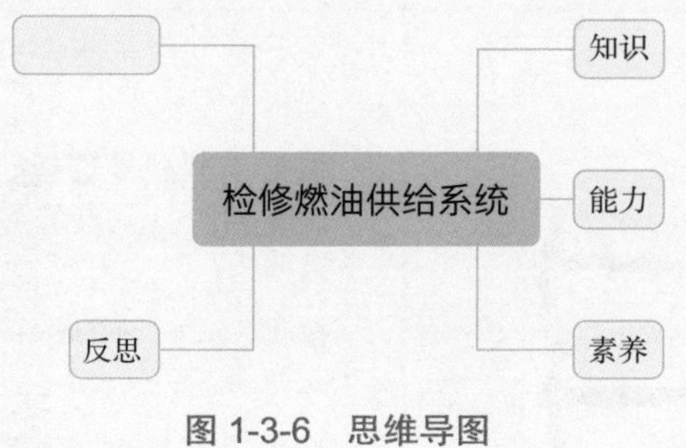

图 1-3-6　思维导图

任务四　检修独立点火系统

职业行动

步骤一：确认故障现象

维修人员试车发现客户车辆确实存在动力不足现象。

步骤二：作业准备

1. 作业场地

配有尾气抽排系统和消防设施的汽车维修作业场地。

2. 设备设施

大众迈腾 1.8T 汽车、举升工位、汽车维修三件套、垃圾桶。

3. 工量辅具（见表 1-4-1）

表 1-4-1　检修独立点火系统工量辅具

常用工具	数字万用表	火花塞专用套筒
X431 故障诊断仪	维修手册	208 接线盒
	修理手册 Magotan B7L 2012年型 ➤ 电路图	

4. 耗材

熔丝、线束、干净抹布、火花塞、独立点火线圈等。

职业知识

火花塞专用套筒

实物图片	操作方法
	• 断开独立点火线圈线束插头，缓慢拔下独立点火线圈。 • 根据车辆型号选择合适火花塞专用套筒尺寸，并轻轻插入发动机缸筒内。 • 按照逆时针的顺序缓慢拧松火花塞。 • 将火花塞与火花塞专用套筒慢慢从缸筒内取出，取下火花塞，轻轻放在工作台上。 • 收好火花塞专用套筒

迈腾 1.8T 发动机独立点火线圈

实物图片	引脚功能
	• 1 端子：点火控制模块搭铁端。 • 2 端子：点火线圈搭铁端。 • 3 端子：供电电压，点火开关打开时，电源为点火控制器提供的工作电压 12 V，同时也是点火线圈一次绕组工作电压。 • 4 端子：ECU 输出给点火控制器控制各缸点火线圈一次绕组电路通断的控制信号

学而不思则罔，思而不学则殆。

学习笔记

步骤三：独立点火系统故障诊断与维修

1. 铺设维修三件套，利用故障诊断仪读故障码

（1）铺设维修三件套，读取发动机控制单元故障码，如图 1-4-1、图 1-4-2 所示。

图 1-4-1　铺设维修三件套

图 1-4-2　读取故障码

（2）汽车故障诊断仪显示故障为点火系统异常。

2. 检测独立点火线圈

（1）目测点火线圈有无绝缘盖破损、磕碰破裂现象，如果有给予更换。

（2）检查点火线圈插头是否有松动脱落现象，发现 2 缸插头松动，及时做出修复。

（3）根据维修电路图，查找点火线圈电路图，如图 1-4-3 所示。

（4）利用万用表测量独立点火线圈引脚端子信号（一次侧供电电压、点火模块搭铁、点火线圈搭铁、ECU 控制一次线圈通断信号），如图 1-4-4 所示。

（5）经过对四个缸独立点火线圈检测，均工作正常。

X431 故障诊断仪

实物图片	操作方法
	• 检查 X431 故障诊断仪电量是否充足。 • 根据汽车品牌选择故障诊断仪诊断接头并插入车辆诊断接口。 • 打开点火开关，启动 X431 故障诊断仪，进行车辆故障诊断。 • 记录分析故障码

德系汽车维修电路图

电路特点	• 汽车电路为低压直流电路。 • 汽车电路均采用单线制。 • 汽车电路中的用电设备均为并联。 • 汽车电路由单元电路组成。 • 汽车电路中均安装有过载保护装置。 • 汽车电路采用负极搭铁的接线形式。 • 汽车电路上常标有导线颜色和线路编号
识图方法	• 识图思路一。沿着电路电流的流向，由电源正极出发，顺藤摸瓜查到用电设备、开关、控制装置等，回到电源负极。 • 识图思路二。逆着电路电流的方向，由电源负极（搭铁）开始，经过用电设备、开关、控制装置等回到电源正极。 • 识图思路三。从用电设备开始，依次查找其控制开关、连线、控制单元，到达电源正极和搭铁（或电源负极）

学习笔记

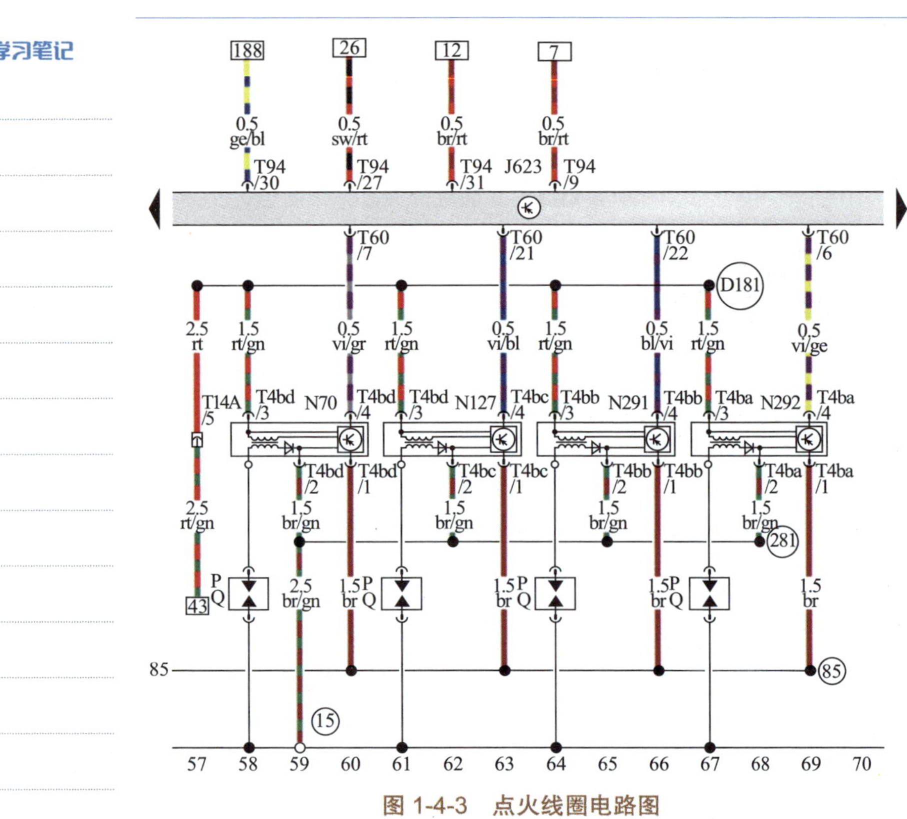

图 1-4-3　点火线圈电路图

迈腾 1.8T 发动机独立点火系统

组成	点火系统的基本装置有传感器、电子控制单元、独立点火线圈、火花塞
特点	• 能量损耗小。 • 工作更加稳定、可靠。 • 独立点火具有一定的抗电子干扰能力
工作原理	点火系统将蓄电池或发电机提供的低压电变为高压电，按照发动机的工作顺序和点火时刻，适时准确地将高压电分配给各缸火花塞，使之跳火，点燃气缸内的可燃混合气
基本要求	• 能产生足以击穿火花塞间隙的电压。 • 火花应具有足够的能量。 • 点火时刻应适应发动机的工作情况

火花塞

实物图片	组成
1 2 3 4 8 11 5 12 6 7 9 10	1 为接线螺母；2 为高氧化铝陶瓷绝缘体；3 为商标；4 为钢质壳体（六角形）；5 为内垫圈（密封导热）；6 为密封垫圈；7 为中心电极导电杆；8 为火花塞裙部螺纹；9 为电极间隙；10 为中心电极和侧电极；11 为型号；12 为去干扰电阻火花塞的重要参数，有热值、点火间隙和中心电极材质

学而不思则罔，思而不学则殆。

图 1-4-4 检测独立点火线圈

3. 检查火花塞

（1）利用火花塞专用拆装工具，拆卸火花塞，如图 1-4-5、图 1-4-6 所示。

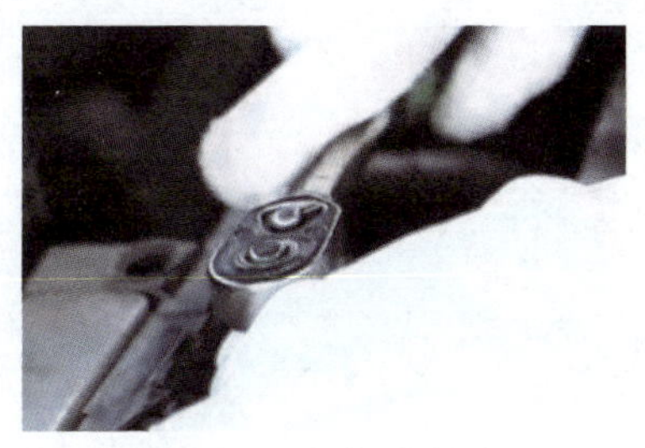
图 1-4-5 拆卸火花塞

图 1-4-6 取出火花塞

（2）目测检查原车拆下的火花塞，如图 1-4-7 所示。

图 1-4-7 目测火花塞

迈腾 1.8T 发动机火花塞	
拆装方法	• 断开独立点火线圈插头。 • 利用汽车常用工具拆卸独立点火线圈。 • 使用火花塞专用套筒拆卸火花塞，将火花塞轻轻取出不要磕碰电极，轻拿轻放。 • 安装反序
拆装规范要求	• 在准备更换前，车辆要熄火冷却一定的时间之后再开始更换。 • 拆装过程中，一定要擦除点火线圈周围的灰尘油污，如果进入燃烧室内，会产生严重不良影响，尽量戴上手套操作。 • 拆卸火花塞时，要力度均匀、直上直下，以免螺口破裂。 • 安装完成后，检查点火线圈接线是否接好，打火试车
火花塞间隙要求	• 火花塞的“间隙”是其主要工作技术指标，不能让间隙过大或过小。 • 间隙过大，点火线圈产生的高压电难以跳过，致使发动机起动困难。 • 间隙过小，会导致火花微弱，同时易发生漏电
常见故障	• 火花塞上有沉积物。 • 火花塞烧蚀。 • 火花塞间隙过小或过大

学习笔记

学习笔记

视频

1-6 读取点火系统故障码

视频

1-7 独立点火系统工作原理

（3）目测检查原车拆下的火花塞，发现火花塞积炭过多，被熏黑，同时电极烧损严重。

（4）更换与原车型号匹配的火花塞，四个缸同时更换新的火花塞。

4. 着车试车

重新启动发动机，着车试车，加速正常，故障排除完毕。

步骤四：车辆交付

将修复好的迈腾 1.8T 车辆交付给客户。

操作规范要求

- 穿着干净整洁的工作服。
- 穿工鞋、戴工帽。
- 实际操作时不可佩戴手表、戒指等金属饰品。
- 遵守场地安全规定，注意用电安全。
- 遵守 5S 操作要求，安全作业。
- 插拔故障诊断仪时一定要关闭点火开关。
- 正确使用灭火器等消防器材。
- 在检测传感器时，严禁用力拉扯线束，正确插拔插接器。
- 拆下火花塞要轻拿轻放，避免磕碰和损坏

学而不思则罔，思而不学则殆。

任务测评

一、知识测评

确定本任务关键词，按重要程度进行关键词排序并举例解读。

根据自己对重要信息捕捉、排序、表达、创新和划分权重能力进行自评，满分 100 分（见表 1-4-2）。

表 1-4-2　检修独立点火系统故障知识测评表

序号	关键词	举例解读	评分自定
1			
2			
3			
4			
5			
总分			

二、能力测评

对表 1-4-3 所列作业内容，操作规范即得分，操作错误或未操作即零分。

表 1-4-3　检修独立点火系统故障能力测评表

序号	作业内容	配分	得分
1	确认故障现象	20	
2	实施操作准备	20	
3	故障诊断维修	40	
4	故障排除验证	20	
总分		100	

三、素养测评

对表 1-4-4 所列素养点，做到即得分，未做到即零分。

表 1-4-4　检修独立点火系统故障素养测评表

序号	素养点	配分	得分
1	安全作业，无安全隐患	20	
2	保护环境，无乱扔乱倒	20	
3	规范标准，无野蛮操作	20	
4	团队协作，无不洽关系	20	
5	遵守场地 5S	20	
总分		100	

四、拓展训练

（1）请分析汽车发动机高压无火的原因都有哪些（25 分）？

（2）现 2013 款大众速腾车辆在行驶过程中动力明显不足，维修人员初步判断是点火系统故障，试制定检修流程并进行检修（25 分）。

（3）经过一年的努力工作，李琳已经基本掌握了汽车机械系统的维修方法，但是由于电学基础薄弱，对车辆的电控系统检修还不是很熟练，经常会求助于师傅，师傅对他说："遇到电控故障，不要胆怯，利用平时经验，结合汽车电路图，边学习边思考积累，检修电控系统故障慢慢就会得心应手了。"李琳牢记师傅的教诲，再遇到电控系统故障时就认真梳理，仔细思考，俯下身子去研究。渐渐地，李琳掌握了电控系统故障的维修方法。

请按图 1-4-8 所示思维导图格式，对检修独立点火系统的学习收获进行总结，并列举五个自己"学与思"的事例（50 分）。

学习笔记

图 1-4-8　思维导图

学而不思则罔，思而不学则殆。

任务五　检修爆震传感器

检修作业

步骤一：确认故障现象

维修人员试车发现客户车辆确实存在动力不足现象，最高车速只有 80 km/h。

步骤二：作业准备

1. 作业场地

配有尾气抽排系统和消防设施的汽车维修作业场地。

2. 设备设施

大众迈腾 1.8T 汽车、汽车维修三件套、举升工位、吹气枪、举升保险装置、垃圾桶等。

3. 工量辅具（见表 1-5-1）

表 1-5-1　检修爆震传感器工量辅具

常用工具	数字万用表	工具车
橡胶锤	维修手册	208 接线盒
	修理手册 Magotan B7L 2012年型 电路图	

相关知识

爆震传感器

类型	• 利用振动法检测爆震的传感器，有磁致伸缩型和半导体压电型两种类型。 • 半导体压电型又有分为共振型和非共振型
功用	• 检测发动机爆震现象。 • 将爆震信号传给电子控制单元 ECU，电子控制单元根据爆震信号调整点火提前时间
安装位置	爆震传感器一般都安装在发动机气缸体上，用来检测发动机爆震情况

半导体压电式爆震传感器工作原理

共振型	共振型压电式爆震传感器利用产生爆震时的发动机振动频率，与传感器本身的固有频率相符合，而产生共振现象，用以检测爆震是否发生
非共振型	非共振型压电式爆震传感器以接收加速度信号的形式，来判别爆震是否产生。发动机振动时，安装在发动机缸体上的爆震传感器内部配重因受振动的影响，而产生加速度，因此，在压电元件上就会受到加速时惯性力的功用而产生电压信号 爆震点 U_S O f 传感器输出信号

学习笔记

磁力吸棒	预置力式扭力扳手	开口扳手

4. 耗材

熔丝、线束、干净抹布、爆震传感器等。

步骤三：爆震传感器故障诊断与维修

1. 铺设维修三件套，利用故障诊断仪读故障码

（1）铺设维修三件套，读取发动机控制单元故障码，如图 1-5-1、图 1-5-2 所示。

图 1-5-1　铺设维修三件套

图 1-5-2　读取故障码

（2）汽车故障诊断仪显示故障为爆震传感器异常。

2. 检测爆震传感器信号

（1）目测爆震传感器有无线束及外壳破损现象。

（2）根据汽车维修手册，拆画爆震传感器的电路图，如图 1-5-3 所示。

非共振型压电式爆震传感器结构

连接器针脚
振动板
压电陶瓷
基座
压板

共振型压电式爆震传感器结构

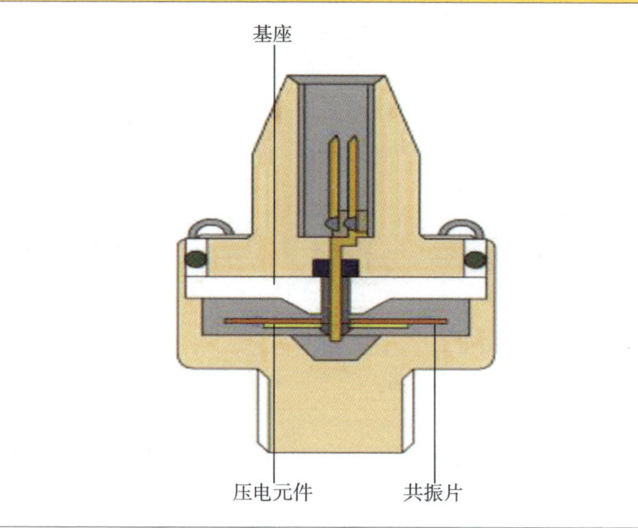

没有思考的行为就是无效的勤奋。

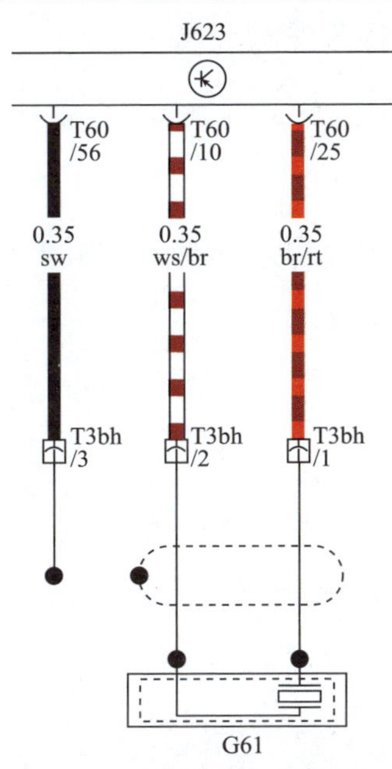

图 1-5-3　爆震传感器电路图

（3）根据汽车维修手册，找到汽车发动机爆震传感器安装位置，如图 1-5-4 所示。

图 1-5-4　爆震传感器安装位置

（4）关闭点火开关，将爆震传感器插头中的 1、2 端子与信号延长线相连接，如图 1-5-5 所示。

爆震传感器检测方法	
电阻检测	• 点火开关置于 OFF 位置，拔开爆震传感器导线接头，用万用表欧姆挡检测爆震传感器的接线端子与外壳间的电阻，应为∞（不导通），若为 0 Ω（导通）则须更换爆震传感器。 • 用万用表的欧姆挡测量传感器两个端子与接地之间的电阻，若导通，则说明传感器已经损坏，必须更换
波形检测	• 爆震传感器是否正常，可利用示波器检测爆震传感器工作输出电压波形。 • 如果有不规则的振动波形出现，并且该波形随发动机爆震情况的变化而有明显的变化，则说明爆震传感器工作正常。 • 如果没有波形输出或者输出波形不随发动机工作情况的变化而变化，则说明爆震传感器有故障，应该更换
输出信号检测	• 爆震传感器 1 号端子为信号线正极，2 号端子为信号线负极，3 号端子为屏蔽线。 • 采用引脚延长线与爆震传感器 1、2 号端子相连，将其引出发动机舱，方便检测。 • 万用表调至 20 V 直流电压挡，将万用表红黑表笔分别插入引脚延长线两个测试端口。 • 用橡胶锤敲击缸体，随着缸体敲击振动频率的变化，万用表的电压值应该随之不断跳动变化。说明爆震传感器工作正常

学习笔记

学习笔记

图 1-5-5　连接延长辅助测量线束

（5）校准万用表后，将万用表调至电压 20 V 挡位，将万用表红黑表笔对应接到辅助测量线端口，如图 1-5-6 所示。

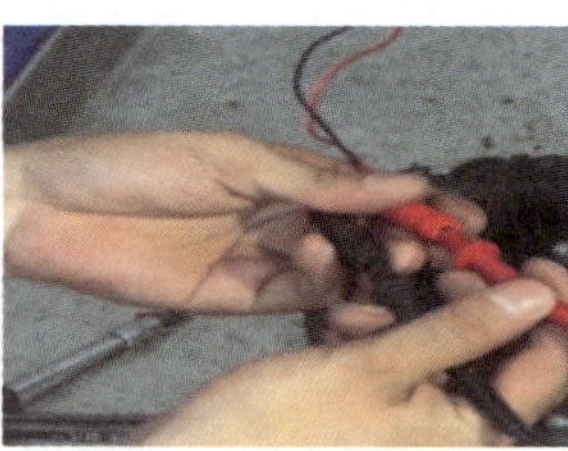

图 1-5-6　校准万用表，连接万用表针脚

（6）使用橡胶锤敲打气缸体，读取万用表示数。电压示数应该随着震动发生变化，但是实测电压值没有变化、异常，如图 1-5-7 所示。

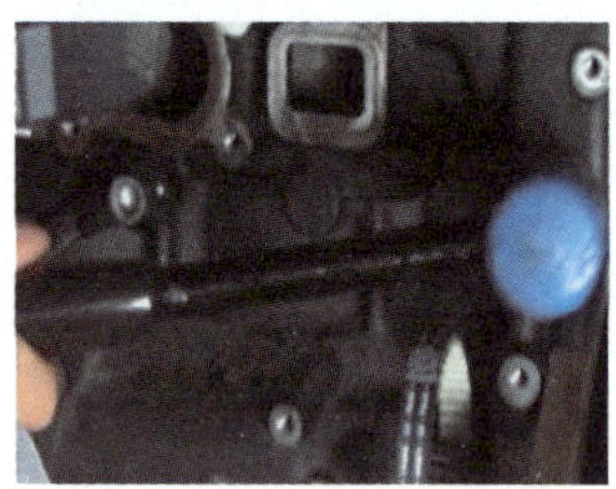
图 1-5-7　橡胶锤敲打气缸体

3. 检测爆震传感器信号线束导通性

将万用表调至欧姆挡，测量爆震传感器端子与发动机

爆震传感器更换方法

- 使用棘轮扳手和 T30 套筒拆卸齿形带外壳保护螺栓。
- 取下齿形带外壳。
- 使用棘轮扳手和 T30 套筒拆卸水泵总成固定螺栓。
- 取下齿形带和水泵总成。
- 使用 M10 套筒和棘轮扳手拆卸爆震传感器固定螺栓。
- 取下爆震传感器。
- 将新的爆震传感器安装在发动机缸体上。
- 使用 M10 套筒和棘轮扳手安装爆震传感器固定螺栓。
- 根据迈腾 1.8T 维修手册，使用扭力扳手将固定螺栓调至 20 N • m。
- 按照维修手册标准，安装水泵总成和固定螺栓。
- 按照维修手册标准，安装齿形带和固定外壳

爆震传感器线束导通性检测方法

- 点火开关置于“OFF”位置。
- 拔开爆震传感器导线接头和发动机控制单元 T61 插头。
- 用万用表欧姆挡检测爆震传感器的接线 1 号端子与发动机控制单元 T60/25 端子之间电阻，应小于 1 Ω。
- 读数如果为无穷大，表示线路断路。
- 2 号端子检测方法同上

没有思考的行为就是无效的勤奋。

控制单元端子之间线束阻值，小于 1 Ω，正常。

4. 检测爆震传感器阻值

（1）关闭点火开关，拔开爆震传感器导线接头。

（2）用万用表欧姆挡检测爆震传感器的接线端子与外壳间的电阻，阻值显示 0 Ω，数据异常。

（3）初步判断，爆震传感器本身故障，需要更换爆震传感器。

5. 更换爆震传感器

（1）按照维修手册要求，正确选择和使用拆装工具拆卸齿形带和水泵总成。

（2）使用正确工具拆卸、更换爆震传感器，使用扭力扳手按照维修手册要求拧好，力矩为 20 N·m。

（3）按照维修手册要求，安装齿形带和水泵总成。

（4）按照 5S 要求整理工位和工具。

6. 着车试车

重新启动发动机，着车试车，加速正常，故障排除完毕。

步骤四：车辆交付

将修复好的迈腾 1.8T 车辆交付给客户。

操作规范要求

- 穿着干净整洁的工作服。
- 穿工鞋、戴工帽。
- 实际操作时不可佩戴手表、戒指等金属饰品。
- 遵守场地安全规定，注意用电安全。
- 遵守 5S 操作要求，安全作业。
- 插拔故障诊断仪时一定要关闭点火开关。
- 在检测传感器时，严禁用力拉扯线束，正确插拔插接器。
- 拆下爆震传感器要轻拿轻放，避免磕碰和损坏。
- 检测电气元件需要断开部件插头时，应提前关闭点火开关

视频

1-8 爆震传感器检测

视频

1-9 爆震传感器工作原理

学习笔记

任务测评

一、知识测评

确定本任务关键词，按重要程度进行关键词排序并举例解读。

根据自己对重要信息捕捉、排序、表达、创新和划分权重能力进行自评，满分 100 分（见表 1-5-2）。

表 1-5-2　检修爆震传感器故障知识测评表

序号	关键词	举例解读	评分自定
1			
2			
3			
4			
5			
总分			

二、能力测评

对表 1-5-3 所列作业内容，操作规范即得分，操作错误或未操作即零分。

表 1-5-3　检修爆震传感器故障能力测评表

序号	作业内容	配分	得分
1	确认故障现象	20	
2	实施操作准备	20	
3	故障诊断维修	40	
4	故障排除验证	20	
总分		100	

三、素养测评

对表 1-5-4 所列素养点，做到即得分，未做到即零分。

表 1-5-4　检修爆震传感器故障素养测评表

序号	素养点	配分	得分
1	安全作业，无安全隐患	20	
2	保护环境，无乱扔乱倒	20	
3	规范标准，无野蛮操作	20	
4	团队协作，无不洽关系	20	
5	遵守场地 5S	20	
总分		100	

四、拓展训练

（1）请分析如果发动机出现爆震现象，会对发动机造成什么危害（25 分）。

（2）现 2013 款大众速腾车辆在行驶过程中动力明显不足，最高车速只有 80 km/h。维修人员初步判断是爆震传感器故障，试制定检修流程并进行检修（25 分）。

（3）请按照图 1-5-8 所示思维导图格式，对检修爆震传感器的学习收获进行总结，你认为在检修爆震传感器过程中最需要什么职业品质？选取一个词汇填到思维导图的空格中，并举例说明（50 分）。

没有思考的行为就是无效的勤奋。

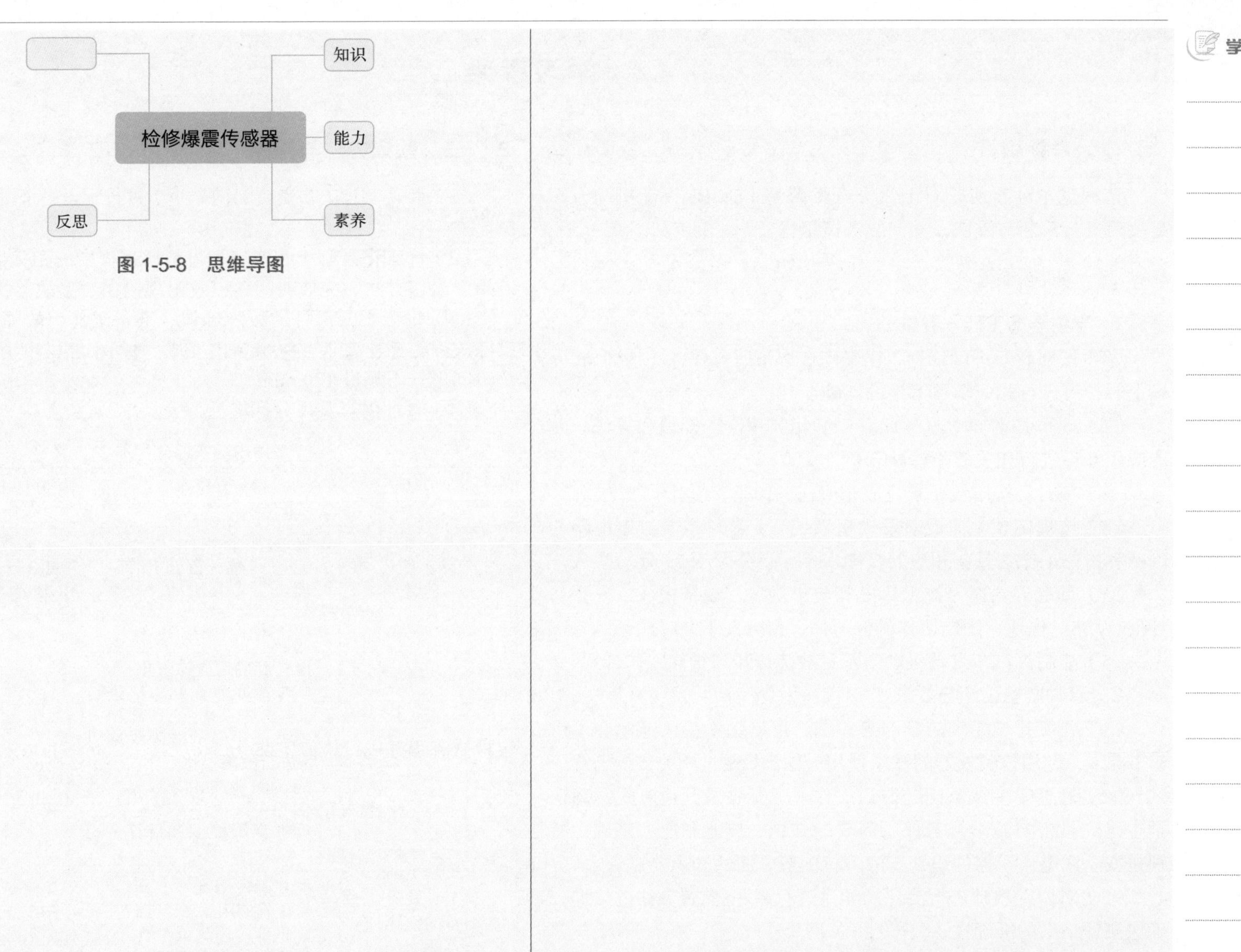

图 1-5-8　思维导图

学习笔记

学习笔记

学习考评

一、考评项目

请根据本项目所学对上汽大众帕萨特 1.8T B5 发动机动力不足故障进行诊断与维修，并完成考评报告。

二、实施准备

1. 学生准备工作与要求

学生按照教学进度计划，已经完成以下所有任务并达到 75 分以上时，可进行相应学习考评的实施。

（1）理解并掌握学习考评需要的相关理论、知识和方法，并能应用知识进行相关故障诊断分析。

（2）按时、按质量要求完成相应任务作业，得分大于 75 分。

（3）按规定独立完成对发动机系统、元器件以及控制电路的诊断和检修工作，具备相应的技能水平，得分大于 75 分。

（4）具有自觉遵守技术标准和要求规定、规范操作、安全、环保、“5S”作业、团结协作的好习惯，得分大于 80 分。

（5）能制订汽车发动机动力不足故障诊断与维修工作计划。

2. 教师准备工作与要求

（1）在安排学生实施学习考评前，应确保学生已经学会了汽车工量具、专用检测仪器的基本使用方法，并做过相关实操训练。

（2）通过学生课堂问题研讨、作业、实操及其他方式，确认学生已经具备实施学习考评所需要的知识、技能和能力基础，特别是安全用电、元器件识别、故障检测等方面的知识要点。

（3）对协助教师进行测评的学生进行测评、监督方法的培训，确保测评结果的准确性、公平性。

（4）准备好测评记录。

三、验证方法与标准

（1）每位测评人员负责对四名学生进行定点、全过程的监控和测评。

（2）详细记录学生在实施学习考评过程中的相关信息、数据、结果、操作方法、完成时间，以及出现错误、事故等情况。

（3）每个学习考评的故障确认、准备工作、故障诊断维修、排除故障等操作要求在 90 min 内完成。时间不够可申请延长时间，总时间最长不超过 120 min。

（4）考评内容及评分标准见下表。

考评内容及评分标准

序号	评分项	得分条件	评分标准	配分	扣分
1	安全 /5S/ 态度	□ 1. 能进行工位 5S 操作。 □ 2. 能进行设备和工具安全检查。 □ 3. 能进行车辆安全防护操作。 □ 4. 能进行工具清洁、校准、存放操作。 □ 5. 能进行三不落地操作	未完成 1 项扣 3 分，扣分不得超 15 分	15	
2	专业技能能力	□ 1. 能正确确定故障现象。 □ 2. 能根据正确诊断方法进行故障诊断。 □ 3. 能按照正确的故障维修思路和步骤进行故障检修。 □ 4. 能正确检测相关数据，并做好记录。 □ 5. 能够熟练操作工量具及检测仪器	未完成 1 项扣 10 分，扣分不得超 50 分	50	
3	工具及设备的使用能力	□ 1. 能正确选用维修工具。 □ 2. 能正确使用故障诊断仪。 □ 3. 能正确使用测量工具。 □ 4. 能正确使用专用工具	未完成 1 项扣 5 分，扣分不得超 10 分	10	

学习笔记

续表

序号	评分项	得分条件	评分标准	配分	扣分
4	资料、信息查询能力	□ 1. 能正确使用维修手册查询资料。 □ 2. 能正确使用用户手册查询资料。 □ 3. 能在规定时间内查询所需资料。 □ 4. 能正确记录查询资料章节页码。 □ 5. 能正确记录所需维修信息	未完成1项扣2分，扣分不得超10分	10	
5	数据判读和分析能力	□能判断发动机相关部件是否需要维修或更换	未完成1项扣10分，扣分不得超10分	10	
6	表单填写与报告的撰写能力	□ 1. 字迹清晰。 □ 2. 语句通顺。 □ 3. 无错别字。 □ 4. 无涂改。 □ 5. 无抄袭	未完成1项扣1分，扣分不得超5分	5	
合计				100	

四、考评报告

说明：考评分为理论考评和实操考评，理论考评根据项目要求以及考评模板格式制定项目实施方案，方案经教师审核合格后，方可进行实操考核。考评报告模板详见附录A。

学习笔记

拓展阅读——建立汽车故障判断思维模型

范增这几天很烦恼：一辆配置机械液力变速器的道奇捷龙多用途车，车速在 40 km/h 左右时一踩制动踏板发动机就熄火，该查的都查了，该换的也都换了，但故障并没有排除，到底是什么原因？

我们经常会遇到这样的情况，车修完后并经实验证实故障已排除了，可偏偏交车时原先的故障又出现了，在客户面前非常尴尬。

有时还遇到用三五天的时间绞尽脑汁想了各种办法就是排除不了的故障，最后只好请别人帮忙，可往往等别人修好后又后悔万分——“自己当初怎么就没想到呢？”

有的同学毕业几年，汽车修理水平进步非常大，而有的同学虽然很用功、很刻苦，可就是长进不大。这又是为什么呢？

上述几个问题看似不同，却有着相同的内因。这个内因就是你是否建立了一套汽车故障判断思维模型。

随着汽车维修技术的进步，其维修过程越来越依赖于通过规律进行分析（经验分析和实验分析）、对比、推理、判断等建立故障判断思维模型(更多的是形象模型),并按正确的操作程序进行。

没有思维就没有行动，没有正确的思维就没有正确的行动。

没有故障判断思维模型就不会成为汽车维修高手。

当范增说“该查的都查了，该换的也都换了”时，他的潜台词就是这辆车应该“没有问题了”。没有意识到自己的思维肯定有漏洞，没有系统性思维习惯。

交车时又出现了故障的尴尬局面，多半是由于在故障诊断过程中缺少对引起故障现象原因的条件进行相对全面的分析。故障排除有两个常用的逻辑性分析方法：一是经验法，二是模糊推理法。而这两种方法最大的特点就是不确定性，很难用定量、定理进行衡量与确定，更多的是“可能”、“大概”和“也许”。正确的思维方法应该是将几种思维方法（包括经验法与模糊推理法）结合起来创建一个新的故障诊断模型。在进行故障诊断之前，要了解甚至要再现故障出现时的环境（包括大气压力、湿度、路况等）、温度（包括环境温度）、速度、工作油类以及操作习惯等，还要清楚引发该故障的各种原因，最后排除次要的、表面的原因，找出根本的原因。现代汽车系统由计算机控制的越来越多，经常会遇到更换一个元件后问题当时解决了，可过一段时间故障又会再现，究其原因，是因为故障是由系统误差累计造成的，所以更换了某一个误差较大的元件只能暂时解决问题。

这个例子说明，在进行汽车故障诊断时，受思维局限性束缚，对故障发生的客观条件缺乏必要的追索。加上对现代汽车出现故障的规律（系统故障）了解不够,难以进行逻辑分析,最终导致“遗憾”发生。

第二个例子“自己当初怎么就没想到呢？”，其实他心里还藏着一句话——我也不差，只是没想到而已，等到下回仍然会是“没想到而已”。为什么总是差那么一点而“没想到”呢？这种“没想到”实际上就是思维的差距，是思维的分散性、联想性不强，逆向思维不足，是一种水平上的根本差距，而不是“差一点儿”。

第三个例子汽修专业毕业几年进步不大，重要的原因就是没有通过工作中积累的经验建立起故障判断思维模型。

作为现代汽车维修人员，掌握正确的逻辑思维方法有助于减少工作中的失误、误判、返工以及材料、时间的浪费，甚至影响客户的忠诚度。

范增意识到思维模式对汽车维修水平的重要性，不由得想起

学习笔记

了上学时老师讲过的一个故事，上班三年后重新思考才算理解了其中真意！

两个修理工在处理同样的故障——发动机水温过高。一名修理工只用半个小时换了一个节温器，问题就解决了。另一名修理工却用了两个半小时，结果也只换了一个节温器。为什么用了那么长时间，他说：“引起水温高的原因很多，必须一一检查，才能防范后患。先后检查了防冻液、水泵、机油、点火正时、尾气，清洗了散热器并做了水压试验等，虽然最后也是只换了一个节温器，但可靠性在95%以上。”

思考：大家思考一下上述维修发动机水温过高的两名维修工，哪一名维修工更可能成为大国工匠呢？很显然是后一个。后者用两个半小时训练了一次自己的故障判断思维模型，燃起思维这盏智慧之灯，我们每个人都应该向后者学习，假以时日都会成为非常优秀的汽车维修大师。

学习笔记

项目二　检修汽车发动机怠速不稳

一、项目描述

完成大众迈腾 1.8T 汽车发动机怠速不稳故障诊断与维修作业。

二、项目要求

符合大众迈腾 1.8T 汽车发动机技术要求和标准，正确使用专用工量具、专用检测仪器，完成发动机怠速不稳故障检修作业。

（1）检修进气系统；

（2）检修喷油系统；

（3）检修单缸失火；

（4）检修氧传感器。

三、学习目标

（1）准确描述汽车发动机进气系统故障、喷油系统诊断方法；

（2）准确描述汽车发动机单缸失火、氧传感器故障诊断方法；

（3）准确描述汽车发动机故障诊断方法；

（4）规范地对进气系统故障进行检修；

（5）规范地对喷油系统故障进行检修；

（6）规范地对发动机单缸失火故障进行检修；

（7）规范地对发动机氧传感器故障进行检修；

（8）养成安全、环保、“5S”作业的好习惯；

（9）树立汽车人德技并修的学习观。

四、学习载体

现有一车主驾驶大众迈腾 1.8T 这款车，最近发现自己爱车怠速不稳，偶尔发出“叽叽”异响，抖动与发动机转动同步，同时油耗增加，排气管还有黑烟冒出。经过 4S 店维修人员对大众迈腾 1.8T 这款车发动机进行具体检查分析，发现其故障原因可能与进气系统、点火系统、燃油供给系统、氧传感器等有关，所以为了解决大众迈腾 1.8T 这款车怠速不稳、“叽叽”异响、油耗增加冒黑烟问题，需要从进气系统、喷油系统、单缸失火、氧传感器入手检测维修。大众迈腾 1.8T 汽车发动机怠速不稳故障分析见下图。

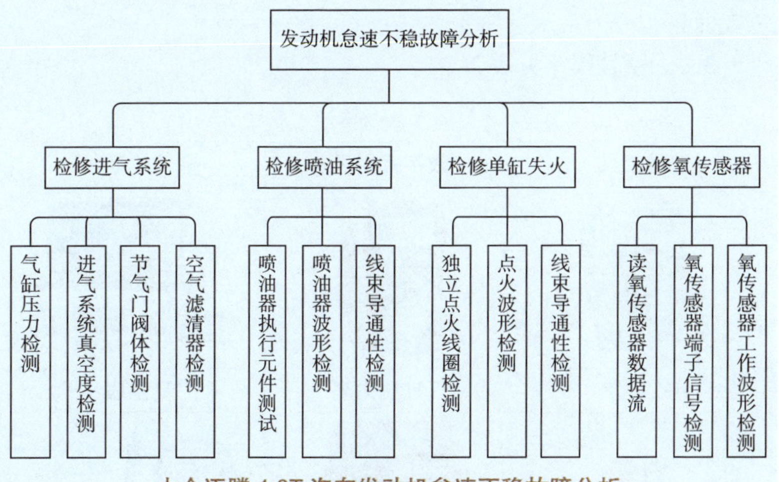

大众迈腾 1.8T 汽车发动机怠速不稳故障分析

学习笔记

学习笔记

任务一　检修进气系统

职业行动

步骤一：确认故障现象

维修人员试车发现客户车辆确实存在怠速抖动现象，而且偶尔发出“叽叽”异响。

步骤二：作业准备

1. 作业场地

配有尾气抽排系统和消防设施的汽车维修作业场地。

2. 设备设施

大众迈腾 1.8T 汽车、举升工位、汽车维修三件套、空压机、垃圾桶等。

3. 工量辅具（见表 2-1-1）

表 2-1-1　检修进气系统工量辅具

常用工具	数字万用表	故障诊断仪
吹尘枪	气缸压力表	真空表

职业知识

汽车发动机怠速不稳故障分析

- 进气道或与其相连的气体管路及阀体泄漏。
- 节气门或进气道积垢过多。
- 怠速空气控制元件故障。
- 点火控制线路与点火线圈故障。
- 火花塞故障。
- 气缸压力不足。
- 喷油系统故障。
- 燃油压力控制系统故障

气缸压力表

实物图片	操作方法及要求
	• 发动机应运转至正常工作温度，水冷发动机水温达 75 ～ 95 ℃。 • 蓄电池电量充足。 • 拆除全部火花塞。 • 节气门至全开位置。 • 拔下点火线圈插头与油泵继电器。 • 安装气缸压力表进行实车气缸压力检测

做汽车医生，保行车平安。

学习笔记

4. 耗材

线束、干净抹布、节气门积炭清洗剂等。

步骤三：进气系统故障诊断与维修

1. 利用故障诊断仪读取故障码

（1）打开点火开关，读取故障码。

（2）故障码显示混合气浓度异常，但是没有报电控元器件故障码。

2. 铺好汽车维修三件套，检测气缸压力

（1）铺设汽车维修三件套，准备气缸压力检测。

（2）利用万用表检测蓄电池电压，电压值为 13.34 V，正常。

（3）启动发动机，水温表达到正常工作温度。

（4）断掉燃油泵熔丝，清洁发动机点火线圈周围。

（5）拆卸火花塞，用干净抹布盖好发动机各缸。

（6）安装气缸压力表，如图 2-1-1 所示。

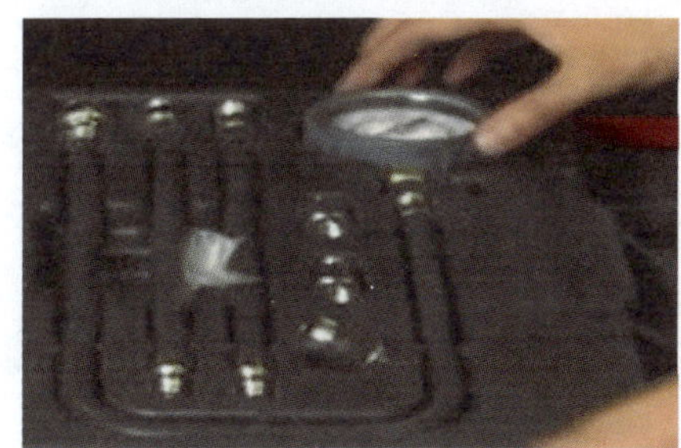

图 2-1-1　安装气缸压力表

（7）按照正确操作步骤流程对汽车发动机各缸进行气缸压力检测，做好记录，如图 2-1-2、图 2-1-3 所示。

真空表

实物图片	操作方法
	• 根据发动机具体真空管路大小选择合适的接头进行真空表安装。 • 根据真空表的检测条件将真空表连接到发动机真空管路上，进行发动机不同工况真空度测量。 • 记录真空度数据，结合标准值进行分析

迈腾 1.8T 发动机气缸压力检测方法

- 使用蓄电池电量检测仪检测蓄电池电量，应符合要求。
- 启动发动机让水温表达到正常温度。
- 关闭发动机，断掉燃油泵熔丝或继电器。
- 拆下各缸火花塞。
- 把气缸压力表的锥形橡胶接头压紧在被测缸的火花塞孔内，或把螺纹管接头拧在火花塞孔上。
- 用起动机带动曲轴旋转 3 ～ 5 s，指针稳定后读取读数，然后按下单向阀使指针回零。
- 每个气缸的测量次数应不少于两次。实测值为两次测量的平均值。
- 按上述步骤依次检测各个气缸，并记录数据。
- 根据检测数据，分析气缸压力是否正常

学习笔记

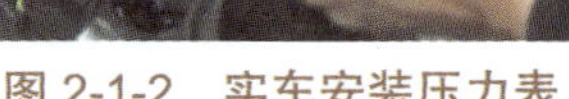
图 2-1-2　实车安装压力表

图 2-1-3　气缸压力表测量读数

（8）测量各缸气缸压力值都在 10 bar 以上，气缸压力正常。

（9）整理工具并归位，做好 5S 工作。

3. 铺好维修三件套，检测进气系统真空度

（1）铺设维修三件套，准备进气系统真空度检测。

（2）启动发动机使水温达到正常工作，车辆处于空挡或 P 挡。

（3）根据实车选择合理接头，组装真空压力表。

（4）实车安装真空压力表，确保连接处没有泄漏。

（5）发动机真空度测量。怠速测量发动机真空度，数据显示 43 kPa，如图 2-1-4 所示。

图 2-1-4　汽车发动机真空度测量

（6）判断进气系统真空度偏低，可能出现漏气现象。

迈腾 1.8T 发动机真空度检测方法

- 发动机应运转至正常工作温度，水冷发动机水温达 75 ～ 95 ℃。
- 变速器处于空挡位置，发动机怠速运转。
- 根据实车真空管口径大小，选择合适接头安装真空表。真空表一般安装在发动机节气门后方，将真空表通过三通接头连接在活性炭罐真空管路中，或直接连接在制动器伺服装置真空管接口处。
- 检查真空表和进气歧管连接软管及各个接头部位，均不得有泄漏。
- 在启动、怠速、加速等各种工况下读取真空表上的读数。怠速时，真空压力正常数值一般在 65 kPa 至 75 kPa 之间，急加速应在 67 kPa 至 87 kPa 之间变化（同时也要考虑海平面高度）

迈腾 1.8T 进气系统漏气检测方法

- 进气系统增压器、中冷器管路检测。
- 燃油蒸发系统管路检测。
- 真空助力泵管路检测。
- 曲轴箱通风系统管路检测。
- 进气歧管管路和密封垫检测

迈腾 1.8T 进气系统堵塞检测方法

- 节气门阀体清洁度检查检测。
- 空气滤清器脏污或堵塞检测。
- 空气流量计堵塞检测

学习笔记

4. 排查进气系统漏气情况

（1）对汽车发动机节气门附近真空管漏气排查，没有异常。

（2）考虑到燃油蒸发与排放控制系统也会引入未经直接测量的外界气体，切断燃油蒸发系统到进气歧管的管路后试车，故障依旧。

（3）对曲轴箱通风管接头进行排查，发现管路接头有漏气现象，修复后试车，发动机抖动明显改善，“叽叽”异响消失，但是故障没有完全消失。

5. 对节气门阀体进行检查

（1）通过检查进气系统有无堵塞时，发现节气门内部积炭比较多，需要清洗。

（2）利用专用工具，结合维修手册按照正确拆装顺序拆卸节气门阀体，如图 2-1-6、图 2-1-7 所示。

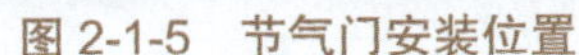

图 2-1-5　节气门安装位置

图 2-1-6　拆卸节气门

（3）利用专用节气门积炭清洗剂对节气门阀体进行清洗，如图 2-1-7、图 2-1-8 所示。

迈腾 1.8T 发动机电子节气门阀体清洗规范要求

- 拆卸电子节气门时要用专用工具拆卸。
- 不要用手去搬动电子节气门阀片，以免损坏电子控制部件。
- 清洗剂每次喷射量不宜过多，分多次喷射，用干净抹布轻轻擦拭，可以用棉花棒清理不易擦拭的部位。
- 安装空气滤清器发卡一定要拧紧，不要出现漏气现象。
- 一瓶清洗剂一般可以用两次，由于具有一定腐蚀性，尽量不要弄到皮肤上。
- 擦拭完成后先晾一会，避免发动时残留清洗剂在发动机内燃烧

发动机怠速控制系统功用

稳定怠速控制	保证发动机排放要求且稳定运转的前提下，尽量使怠速转速最低，以减少燃油消耗
快速暖机控制	冷机起动后，控制发动机在较高的怠速下稳定运转，以加速暖机过程
高怠速控制	在怠速工况下，当发动机负荷增加（使用空调制冷）时，为使负荷正常工作，发动机又不熄火，控制发动机在设定的高怠速下稳定运转
其他控制	• 发动机熄火，使怠速空气道开到最大。 • 发动机零部件磨损，控制修正怠速转速至正常值

学习笔记

图 2-1-7　拆下的节气门

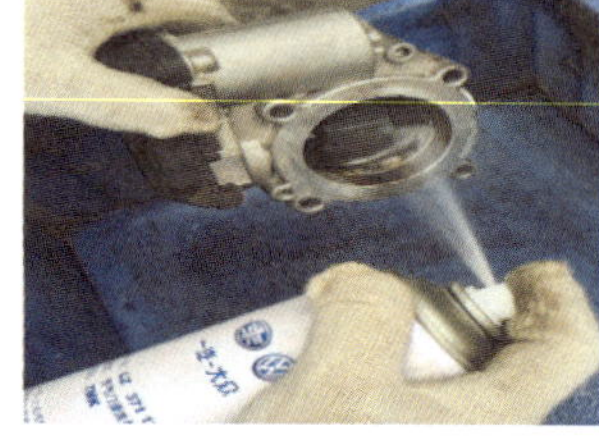

图 2-1-8　清洗节气门

（4）安装节气门阀体，注意螺栓力矩和密封脚垫，如图 2-1-9 所示。

图 2-1-9　安装节气门阀体

（5）安装节气门位置传感器插头，同时安装进气管路。

（6）利用故障诊断仪对节气门进行匹配。

6. 检查空气滤清器

（1）拆下空气滤清器查看滤芯，如图 2-1-10 所示。

（2）滤芯有异物，疑似存在堵塞，利用吹尘枪进行灰尘清理。

（3）安装空气滤芯和空气滤清器总成。

（4）固定好螺栓和卡箍，保证不漏气。

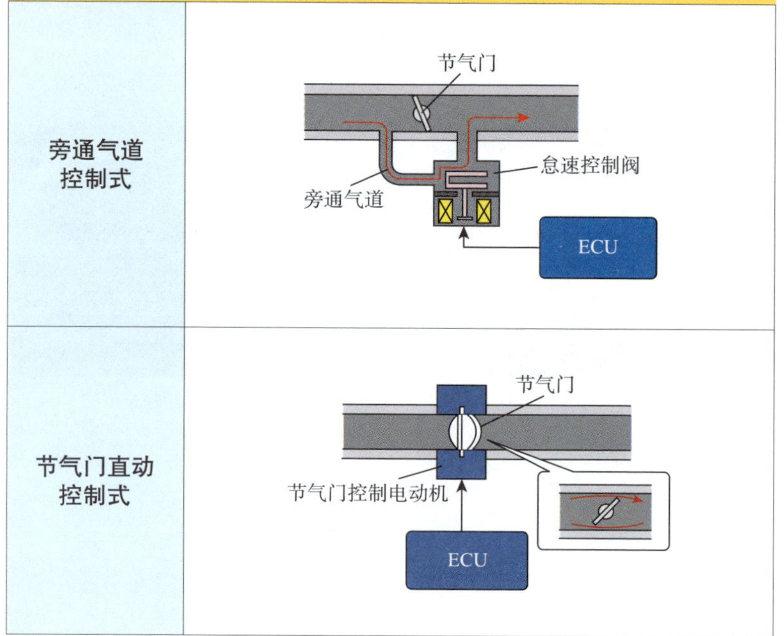

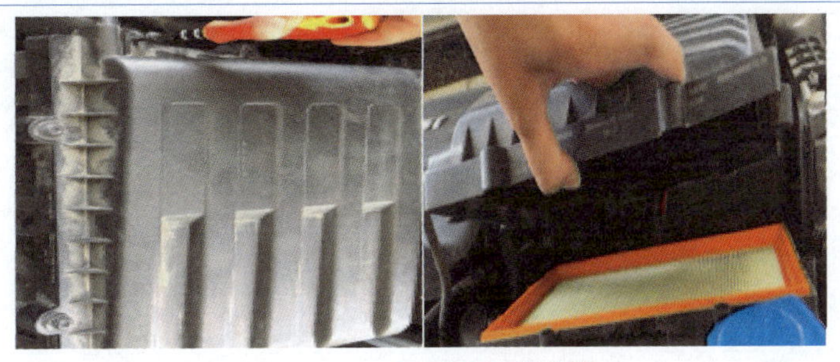

图 2-1-10　拆下空气滤清器

7. 着车试车

重新启动发动机，着车试车，怠速抖动现象消失，“叽叽”异响消失，故障排除完毕。

步骤四：车辆交付

将修复好的迈腾 1.8T 车辆交付给客户。

操作规范要求

- 穿着干净整洁的工作服。
- 穿工鞋、戴工帽。
- 实际操作时不可佩戴手表、戒指等金属饰品。
- 遵守场地安全规定，注意用电安全。
- 遵守 5S 操作要求，安全作业。
- 插拔故障诊断仪时一定要关闭点火开关。
- 正确使用专用设备、工具对进气系统各零部件进行清洗和检测。
- 在检测节气门传感器时，严禁用力拉扯线束，正确插拔插接器

学习笔记

视频

2-1 安装气缸压力表

视频

2-2 气缸压力测量

视频

2-3 节气门位置传感器结构

学习笔记

任务测评

一、知识测评

确定本任务关键词，按重要程度进行关键词排序并举例解读。

根据自己对重要信息捕捉、排序、表达、创新和划分权重能力进行自评，满分 100 分（见表 2-1-2）。

表 2-1-2　检修进气系统故障知识测评表

序号	关键词	举例解读	评分自定
1			
2			
3			
4			
5			
总分			

二、能力测评

对表 2-1-3 所列作业内容，操作规范即得分，操作错误或未操作即零分。

表 2-1-3　检修进气系统故障能力测评表

序号	作业内容	配分	得分
1	确认故障现象	20	
2	实施操作准备	20	
3	故障诊断维修	40	
4	故障排除验证	20	
总分		100	

三、素养测评

对表 2-1-4 所列素养点，做到即得分，未做到即零分。

表 2-1-4　检修进气系统故障素养测评表

序号	素养点	配分	得分
1	安全作业，无安全隐患	20	
2	保护环境，无乱扔乱倒	20	
3	规范标准，无野蛮操作	20	
4	团队协作，无不洽关系	20	
5	遵守场地 5S	20	
总分		100	

四、拓展训练

（1）请结合实际案例，汽车进气系统出现问题都会导致发动机发生哪些故障现象（25 分）。

（2）现 2012 款大众速腾车辆存在怠速抖动，偶尔发出异响，维修人员初步判断是进气系统故障，试制定检修流程并进行检修（25 分）。

（3）李琳在 4S 店工作的一年里养成了一个习惯，在每次维修作业之前都会认真点检自己准备的工具和设备，车辆维修完毕后都要对自己检修项目进行再三的检查确认，确保自己检修的零部件、螺栓等都安装正确可靠牢固。同时将自己工位的工具设备进行现场 5S，确保工具设备完好无损，没有落在客户车辆上。他的师傅非常欣赏他这种做法，并告诉他说："这是机修学徒必须经历的，更是确保客户行车安全的基本前提。"

　做汽车医生，保行车平安。

请按图 2-1-11 所示思维导图格式，对检修进气系统的学习收获进行总结，列举五个进气系统故障导致的行车安全隐患，谈一谈你对“维修人员对客户行车安全责任”的理解（50 分）。

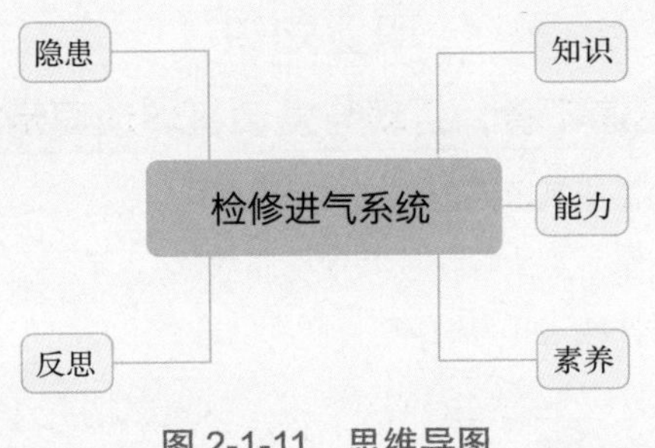

图 2-1-11　思维导图

学习笔记

学习笔记

任务二　检修喷油系统

职业活动

步骤一：确认故障现象

维修人员对迈腾 1.8T 试车发现客户车辆确实存在怠速抖动现象，抖动与发动机转动同步。

步骤二：作业准备

1. 作业场地

配有尾气抽排系统和消防设施的汽车维修作业场地。

2. 设备设施

大众迈腾 1.8T 汽车、举升工位、喷油器清洗仪、垃圾桶、举升保护装置等。

3. 工量辅具（见表 2-2-1）

表 2-2-1　检修喷油系统工量辅具

常用工具	数字万用表	数字示波器
手电筒	故障诊断仪	208 接线盒

职业知识

发动机怠速不稳，抖动与发动机转动同步故障分析

- 某气缸喷油器或其电路故障。
- 某气缸火花塞、点火模块或其他电路故障。
- 某气缸密封性或进排气故障

喷油器

实物图片	功能	常见故障
	喷油器的功能是将燃油喷射到发动机进气歧管内与进气歧管内的空气形成混合气	常见故障有喷油器黏滞、喷油器堵塞、密封圈老化等

喷油器清洗仪

实物图片	功用
	• 通过超声波高质量清洗喷油器。 • 测试喷油器喷油量、泄漏量和喷射雾化状况

人，有病找医院；车，有故障找我。

学习笔记

4. 耗材

熔丝、干净抹布、线束、喷油器等。

步骤三：喷油系统故障诊断与维修

1. 利用故障诊断仪读取故障码

打开点火开关，利用故障诊断仪器读取电控系统故障码。

00514：气缸 2 喷射阀 -N31 电路电气故障；00770：气缸 2 检测到不发火。

2. 铺好维修三件套，对喷油器进行执行元件诊断测试

打开点火开关，用故障诊断仪进行执行元件诊断测试，发现气缸 2 喷油器不动作，其他气缸喷油器正常工作。确定气缸 2 喷油器不能正常工作。

3. 利用示波器读取喷油器的工作波形

（1）利用示波器对发动机气缸 2 喷油器进行波形检测，结果波形只显示一条直线（电压幅值为零）。

（2）利用示波器对发动机气缸 3 喷油器进行波形检测，正常波形如图 2-2-1 所示。

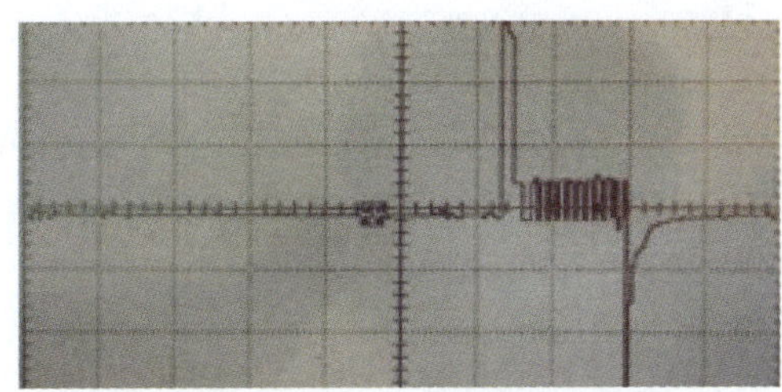

图 2-2-1　气缸 3 喷油器工作波形

故障诊断仪读取故障码分析方法
• 喷油器或其电路故障造成发动机缺缸。 • 喷油器自身故障。 • 喷油器与发动机控制模块之间电路故障。 • 发动机控制模块自身故障

迈腾 1.8T 发动机喷油器控制原理
• 当发动机控制模块决定喷油时，一方面给喷油器搭铁控制端提供合适的搭铁时间，同时通过正极控制端提供两次高压电流脉冲，第一次用 40 V 开关控制电路将针阀拉开。 • 第二次用 14 V 开关控制电路维持针阀的开启，喷油结束时，控制单元将搭铁切断，由于电流的减小，会感应出两次反向电动势

迈腾 1.8T 发动机喷油器工作波形	
检测方法	• 将示波器的负极检测探针连接到喷油器负极信号线上；示波器的正极检测探针连接到喷油器的正极信号线上。 • 启动发动机，用示波器测量喷油器正极和负极端子之间的信号波形。 • 读取喷油器工作波形
规范要求	• 喷油器气缸 1 和气缸 4、气缸 2 和气缸 3 分别共用一套 14 ～ 40 V 的升压电路。 • 发动机每个气缸工作时，喷油器正极端子会检测到两个高压脉冲；只有一次高压脉冲可以控制喷油器工作

学习笔记

（3）气缸 2 和气缸 3 波形对比发现，气缸 2 喷油器不工作。

4. 根据维修电路图，找出喷油器的电路

（1）查询维修电路图，拆画喷油器电路图，如图 2-2-2 所示。

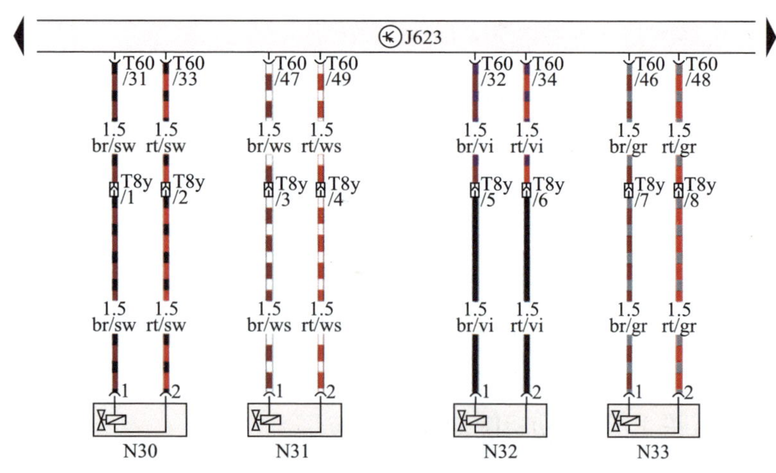

图 2-2-2　喷油器电路图

5. 结合喷油器电路图，利用示波器检测气缸 2 喷油器线路端子波形

（1）利用示波器测量气缸 2 喷油器正极端子 T8y/3 对地波形，波形始终为一条直线（电压为零）。

（2）利用示波器测量 J623 控制单元 T60/47 端子对地波形，正常波形如图 2-2-3 所示。

迈腾 1.8T 发动机缸内直喷系统	
组成	燃油压力调节阀N276 3-facl 三联式泵凸轮 高压泵 喷油阀 低压燃油管路 燃油压力低压传感器 G410 压力限制阀 高压燃油管路 燃油压力传感器 G247
工作原理	• 燃油管路中燃油首先由低压油泵建立压力，然后经过高压油泵加压。 • 加压后燃油经过燃油压力调节阀进行调节后，根据发动机工况需要，最终通过高压喷油器喷入气缸

人，有病找医院；车，有故障找我。

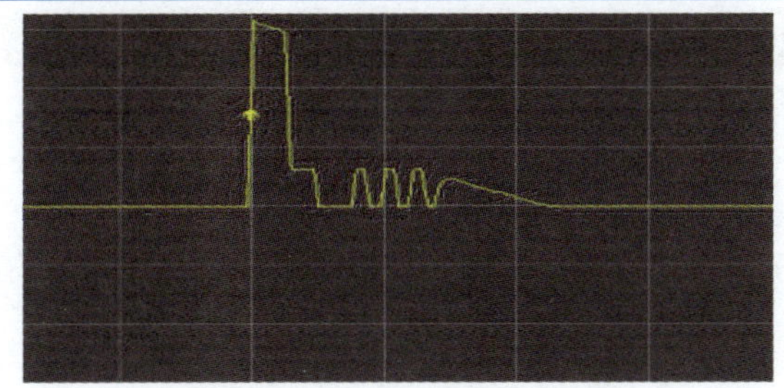

图 2-2-3　T60/47 端子对地波形

（3）J623 正常发出高压信号，但喷油器正极端 T8y/3 没有信号。

（4）判断 J623 与 2 号喷油器正极端子导线之间存在断路故障。

6. 利用万用表对 2 号喷油器正极线路进行通断检测

（1）将表笔插入万用表，按下 Power 按钮，即电源键。

（2）将万用表中间大旋钮调到蜂鸣挡。

（3）将万用表红黑表笔接触，此时应当能听到蜂鸣声。如果没有蜂鸣声，检查表笔是否插好，挡位是否正确。重新校准直至表笔接触能听到蜂鸣声，如图 2-2-4 所示。

图 2-2-4　校准万用表

（4）对 J623 与 2 号喷油器正极端子导线进行线路测量，测量结果显示没有蜂鸣声，说明该导线存在断路或者虚接现象。

万用表检测汽车电气线束通断的方法	
校准万用表	• 将万用表红黑表笔插入万用表对应插口内，按下 Power 按钮（电源键）。 • 将万用表中间大旋钮调到蜂鸣挡。将万用表红黑表笔接触，此时应当能听到蜂鸣声。 • 如果没有蜂鸣声，检查表笔是否插好，挡位是否正确。 • 重新校准直至表笔接触能听到蜂鸣声
蜂鸣挡检测法	• 将万用表调至蜂鸣挡后，将红黑表笔分别连接到导线的两端。 • 如果出现蜂鸣声，说明导线导通。 • 如果没有声音，说明导线断路
电阻挡检测法	• 万用表校准后，将万用表调至电阻挡，然后将红黑表笔分别连接到导线的两端。 • 如果万用表有电阻值显示（汽车导线一般小于 1Ω），说明导线导通。 • 如果万用表显示“1”数字不变，表示∞，说明导线断路
规范要求	• 利用万用表检测电路时，一定要提前校准万用表，使之误差在规定范围内，方可检测电路，否则检测电路不准确，影响检修结果

学习笔记

学习笔记

（5）根据上述测量的波形是一条直线，没有电压降变化，确定故障点为导线断路，对导线进行更换处理。

7. 利用示波器重新检测气缸 2 喷油器正极端子波形

使用示波器重新测量气缸 2 喷油器正极端子 T8y/3 对地波形，波形如图 2-2-5 所示，波形恢复正常。

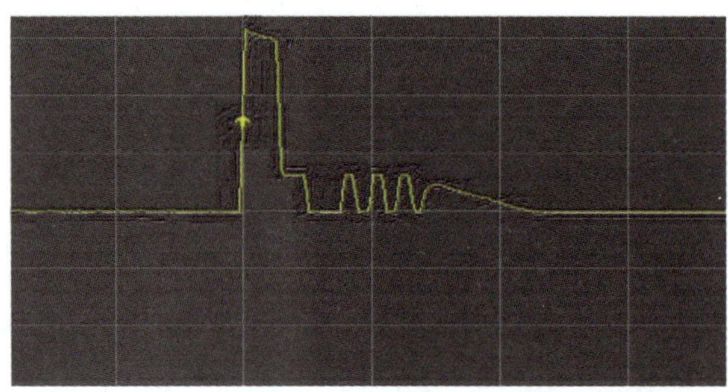

图 2-2-5　气缸 2 喷油器正极端子 T8y/3 对地波形

8. 着车试车

重新启动发动机，着车试车，怠速抖动现象消失，故障排除完毕。

步骤四：车辆交付

将修复好的迈腾 1.8T 车辆交付给客户。

视频

2-4 喷油器结构

视频

2-5 喷油器工作原理

万用表检测汽车电气线束虚接方法

电压降方法	在启动发动机过程中，用万用表测量发动机控制模块与喷油器端子之间线束的电压，正常情况下应小于 0.1 V，如果实际测量有电压降，说明线路之间存在电阻，存在虚接
电阻方法	• 关闭点火开关，必要时断开蓄电池负极，拔下发动机控制模块连接器和喷油器连接器。 • 用万用表测量发动机控制模块与喷油器之间线束电阻，正常情况下应小于 1 Ω，如果实测结果有明显较大阻值（一般 >1 Ω），说明存在虚接现象

操作规范要求

• 穿着干净整洁的工作服。

• 穿工鞋、戴工帽。

• 实际操作时不可佩戴手表、戒指等金属饰品。

• 遵守场地安全规定，注意用电安全。

• 遵守 5S 操作要求，安全作业。

• 插拔故障诊断仪时一定要关闭点火开关。

• 正确使用万用表、故障诊断仪、示波器等工量具。

• 严禁用力拉扯线束，正确插拔插接器。

• 拆下喷油器要轻拿轻放，避免磕碰和损坏

任务测评

一、知识测评

确定本任务关键词，按重要程度进行关键词排序并举例解读。

根据自己对重要信息捕捉、排序、表达、创新和划分权重能力进行自评，满分 100 分（见表 2-2-2）。

表 2-2-2　检修喷油系统故障知识测评表

序号	关键词	举例解读	评分自定
1			
2			
3			
4			
5			
总分			

二、能力测评

对表 2-2-3 所列作业内容，操作规范即得分，操作错误或未操作即零分。

表 2-2-3　检修喷油系统故障能力测评表

序号	作业内容	配分	得分
1	确认故障现象	20	
2	实施操作准备	20	
3	故障诊断维修	40	
4	故障排除验证	20	
总分		100	

三、素养测评

对表 2-2-4 所列素养点，做到即得分，未做到即零分。

表 2-2-4　检修喷油系统故障素养测评表

序号	素养点	配分	得分
1	安全作业，无安全隐患	20	
2	保护环境，无乱扔乱倒	20	
3	规范标准，无野蛮操作	20	
4	团队协作，无不洽关系	20	
5	遵守场地 5S	20	
总分		100	

四、拓展训练

（1）请结合实际案例，分析一下汽车喷油器的发展历史（25 分）。

（2）现 2012 款大众速腾车辆存在怠速抖动，抖动与发动机转动同步，维修人员初步判断是喷油系统故障。试制定检修流程并进行检修（25 分）。

（3）李琳在汽车 4S 店工作一天下班后准备去找同在汽修店实习的王帅一起吃晚饭。刚到王帅实习的汽修店门口，他看见王帅蹲在地上正在用化油器对喷油器进行清洗。而且王帅身边的工作环境很糟糕，地上一地油渍，工具随地可见。李琳上前对王帅说："你这样对喷油系统进行清洗，一点都不专业，可能会清洗不彻底，容易导致汽车喷油系统故障复发，应该用我们 4S 店的喷油器专用清洗仪来清洗，你这是对客户不负责任。"王帅听后，苦笑道："我们是维修小店，没有你说的那种仪器设备。"

请按图 2-2-6 所示思维导图格式，对检修喷油系统的学习收获进行总结，同时将王帅的态度总结成一个合适的词填到空格中并说明依据（50 分）。

学习笔记

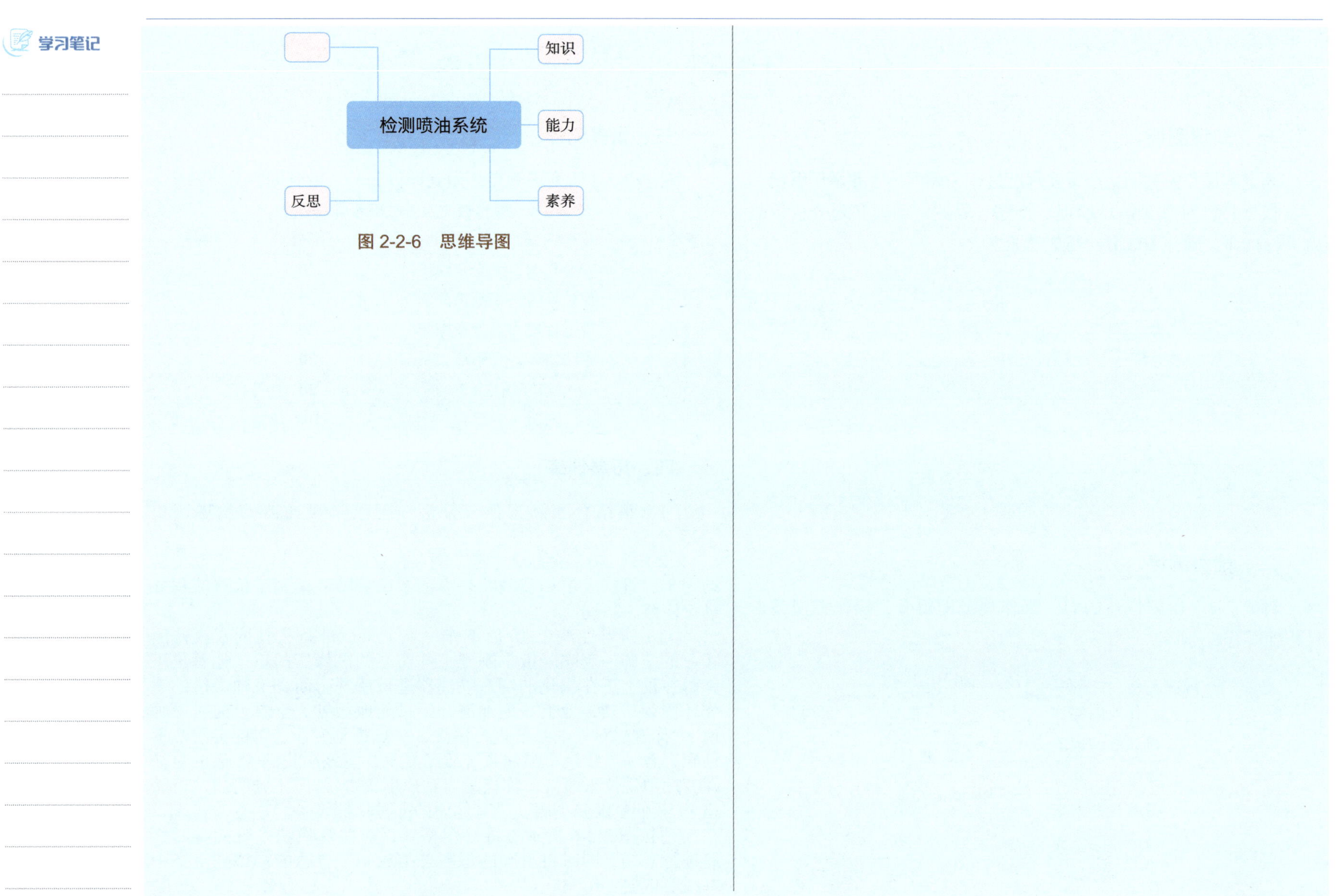

图 2-2-6　思维导图

人，有病找医院；车，有故障找我。

任务三　检修单缸失火

职业行动

步骤一：确认故障现象

维修人员对大众迈腾 1.8T 汽车试车发现客户车辆确实存在怠速抖动现象。

步骤二：作业准备

1. 作业场地

配有尾气抽排系统和消防设施的汽车维修作业场地。

2. 设备设施

大众迈腾 1.8T 汽车、举升工位、汽车维修三件套、吹气枪、空压机、垃圾桶等。

3. 工量辅具（见表 2-3-1）

表 2-3-1　检修单缸失火工量辅具

常用工具	数字万用表	火花塞专用套筒
博世 FSA740	X431 故障诊断仪	208 接线盒

职业知识

博世 FSA740	
实物图片	
组成	FSA740 发动机分析仪硬件组成加上软件功能主要有四个功能模块：MTM 测量模块、KTS 通信诊断模块、BEA 尾气分析模块以及 ESI 车辆维修信息数据库模块
功用	• 对汽油机、柴油机性能参数实时动态采集。 • 信号检测。 • 故障分析。 • 提供了数字示波器功能，以判断电控燃油喷射发动机各种传感器故障特征
使用方法	• 连接。将 KTS 连接到车辆或者台架上的诊断接头，确保通信正常。 • 进入。常用进入模式：直接从程序管理界面进入诊断。ESI 进入模式：从界面进入 ESI 系统进行车辆诊断，波形读取

学习笔记

4. 耗材

熔丝、线束、干净抹布、火花塞、独立点火线圈等。

步骤三：单缸失火故障诊断与维修

1. 铺设维修三件套，利用故障诊断仪读故障码

（1）铺设维修三件套，读取发动机控制单元故障码，如图 2-3-1、图 2-3-2 所示。

图 2-3-1　铺设维修三件套

图 2-3-2　读取故障码

（2）发动机故障诊断仪报故障码为：发动机 3 缸失火。

2. 检测独立点火线圈

（1）目测 3 缸点火线圈有无绝缘盖破损、磕碰破裂现象，如果有，给予更换。

（2）检查点火线圈插头是否有松动脱落现象，发现 3 缸插头有点松动，应做出及时插牢修复。

（3）根据维修电路图，查找点火线圈电路图。

（4）利用万用表测量 3 缸独立点火线圈引脚端子信号如图 2-3-3 所示。

迈腾 1.8T 发动机点火系统失火故障分析

- 点火正时不准确。
- 点火线圈损坏或接线脱落。
- 点火线圈控制线束故障。
- 火花塞积炭、油污和烧蚀。
- 火花塞电极损坏。
- 发动机控制单元故障。
- 点火系统供电控制线路故障。
- 供电线路中继电器故障。
- 熔丝故障

迈腾 1.8T 发动机独立点火线圈故障分析

- 点火线圈供电端子断路。
- 点火线圈供电端子虚接。
- 点火线圈搭铁端子断路。
- 点火线圈搭铁端子虚接。
- 点火线圈本身故障（一次线圈和二次线圈）

独立点火系统

组成	特点
曲轴位置传感器 ECU 点火模块 点火线圈 凸轮轴位置传感器 火花塞	• 能量损耗小。 • 工作更加稳定、可靠。 • 独立点火具有一定的抗电子干扰能力

图 2-3-3　检测独立点火线圈

（5）打开点火开关，将万用表调至直流 20 V 挡，测量点火线圈 N291 T4bb/3 端子对搭铁电压，测量结果为 13.34 V，如图 2-3-4 所示，数据正常。

图 2-3-4　N291 T4bb/3 端子对搭铁电压

（6）启动发动机，利用万用表测量 N291 T4bb/1、T4bb/2 端子对搭铁电压，电压值为 0 V，数据正常。

（7）打开点火开关或发动机运行，利用 FSA740 或示波器测量 N291 T4bb/4 端子对地波形，如图 2-3-5 所示，波形异常。

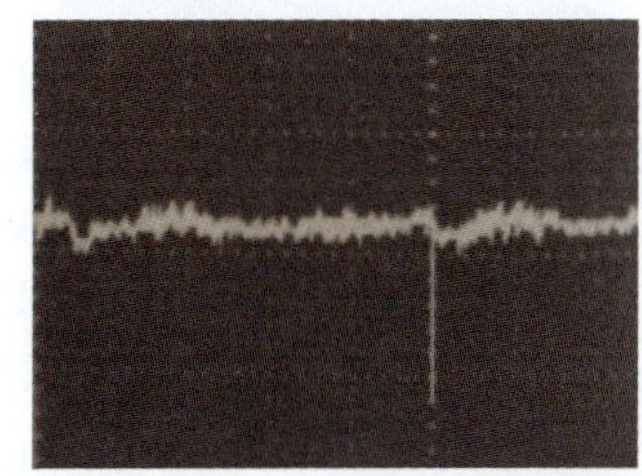
图 2-3-5　N291 T4bb/4 端子对地波形

迈腾 1.8T 发动机独立点火线圈电路图

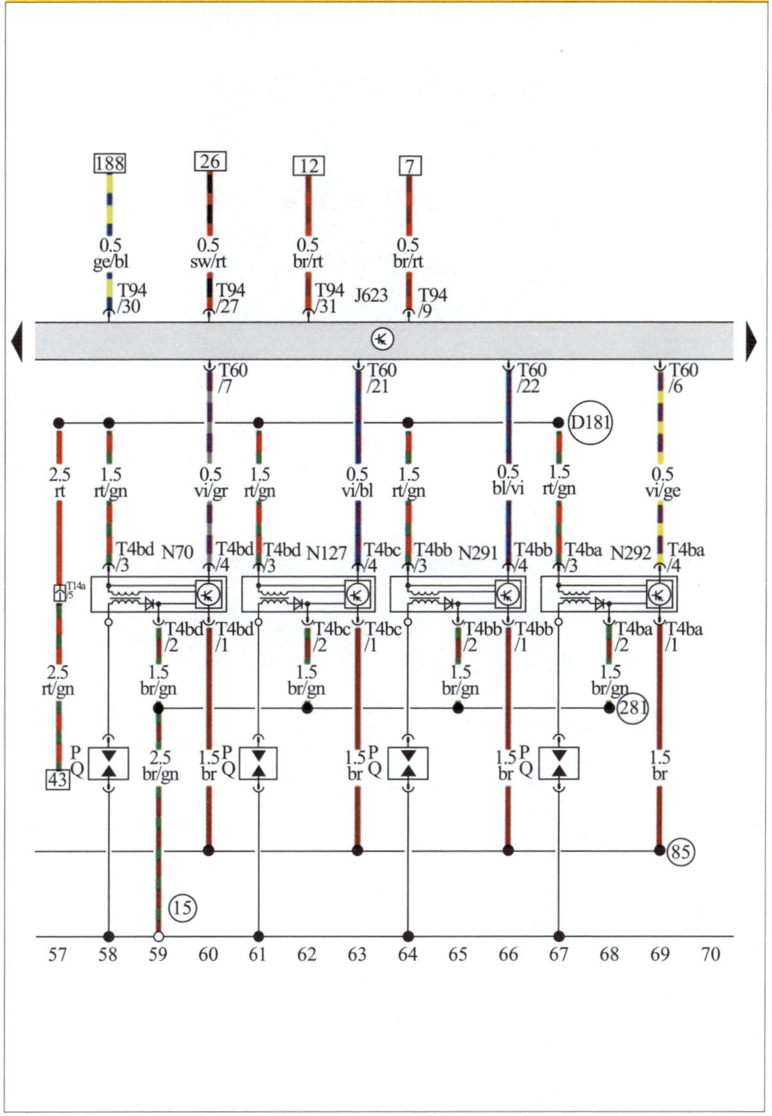

学习笔记

学习笔记

（8）打开点火开关或发动机运行，测量发动机控制单元 J623 T60/22 端子对地波形，如图 2-3-6 所示，波形正常。

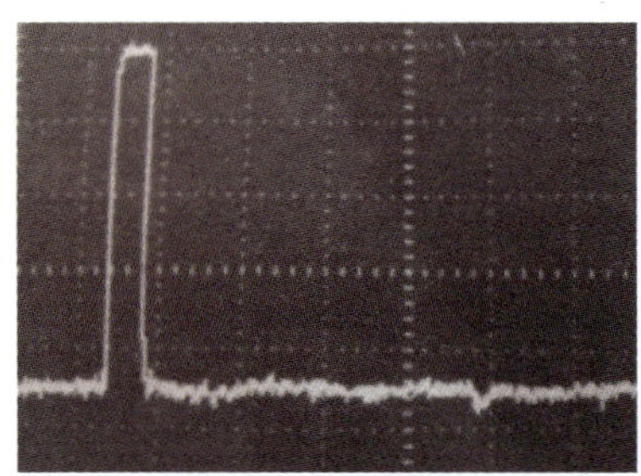

图 2-3-6　J623 T60/22 端子对地波形

（9）关闭点火开关，将万用表调至欧姆挡，测量发动机控制单元 J623 T60/22 端子与 N291 T4bb/4 端子之间线路通断。测量结果为“1”无穷大，该线路断路。

（10）确定故障点，维修更换信号控制线路。

3. 着车试车

重新启动发动机，着车试车，怠速正常，故障排除完毕。

步骤四：车辆交付

将修复好的迈腾 1.8T 车辆交付给客户。

视频

2-6 点火系统工作原理

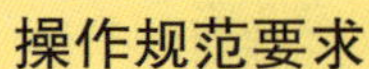

操作规范要求

- 穿着干净整洁的工作服。
- 穿工鞋、戴工帽。
- 实际操作时不可佩戴手表、戒指等金属饰品。
- 遵守场地安全规定，注意用电安全。
- 遵守 5S 操作要求，安全作业。
- 正确使用灭火器等消防器材。
- 在检测独立点火线圈时，严禁用力拉扯线束，正确插拔插接器。
- 拆下独立点火线圈要轻拿轻放，避免磕碰和损坏

迈腾 1.8T 发动机独立点火线圈端子功能

端子	功能
1 号端子	点火控制模块搭铁端
2 号端子	点火线圈搭铁端
3 号端子	点火开关打开时，电源为点火控制器提供的工作电压 12 V（14 V），同时也是点火线圈一次绕组的工作电压
4 号端子	ECU 输出给点火控制器控制各缸点火线圈一次绕组电路通断的控制信号

学习笔记

任务测评

一、知识测评

确定本任务关键词，按重要程度进行关键词排序并举例解读。

根据自己对重要信息捕捉、排序、表达、创新和划分权重能力进行自评，满分 100 分（见表 2-3-2）。

表 2-3-2　检修单缸失火故障知识测评表

序号	关键词	举例解读	评分自定
1			
2			
3			
4			
5			
总分			

二、能力测评

对表 2-3-3 所列作业内容，操作规范即得分，操作错误或未操作即零分。

表 2-3-3　检修单缸失火故障能力测评表

序号	作业内容	配分	得分
1	确认故障现象	20	
2	实施操作准备	20	
3	故障诊断维修	40	
4	故障排除验证	20	
总分		100	

三、素养测评

对表 2-3-4 所列素养点，做到即得分，未做到即零分。

表 2-3-4　检修单缸失火故障素养测评表

序号	素养点	配分	得分
1	安全作业，无安全隐患	20	
2	保护环境，无乱扔乱倒	20	
3	规范标准，无野蛮操作	20	
4	团队协作，无不洽关系	20	
5	遵守场地 5S	20	
总分		100	

四、拓展训练

（1）请结合实际案例，分析讨论汽车点火系统的点火线圈是如何改进发展的（25 分）。

（2）现 2013 款大众速腾车辆存在怠速不稳现象，维修人员初步判断是单缸失火故障引起的，试制定检修流程并进行检修（25 分）。

（3）李琳的师傅已经在 4S 店工作 10 年了，汽修经验十分丰富，通过自己的不懈努力练就了“望闻问切”的好本领。每次李琳跟着师傅检修故障车辆时，师傅都会很快找到故障点，快速将车辆维修完毕，完成客户车辆交付。李琳很是羡慕师傅拥有“望闻问切”的本领，觉得师傅就是自己的偶像。

请按图 2-3-7 所示思维导图格式，对检修单缸失火的学习收获进行总结，同时结合检修单缸失火的一个案例，将故障判断过程按照“望、问、切、问”四个字做一下梳理（50 分）。

学习笔记

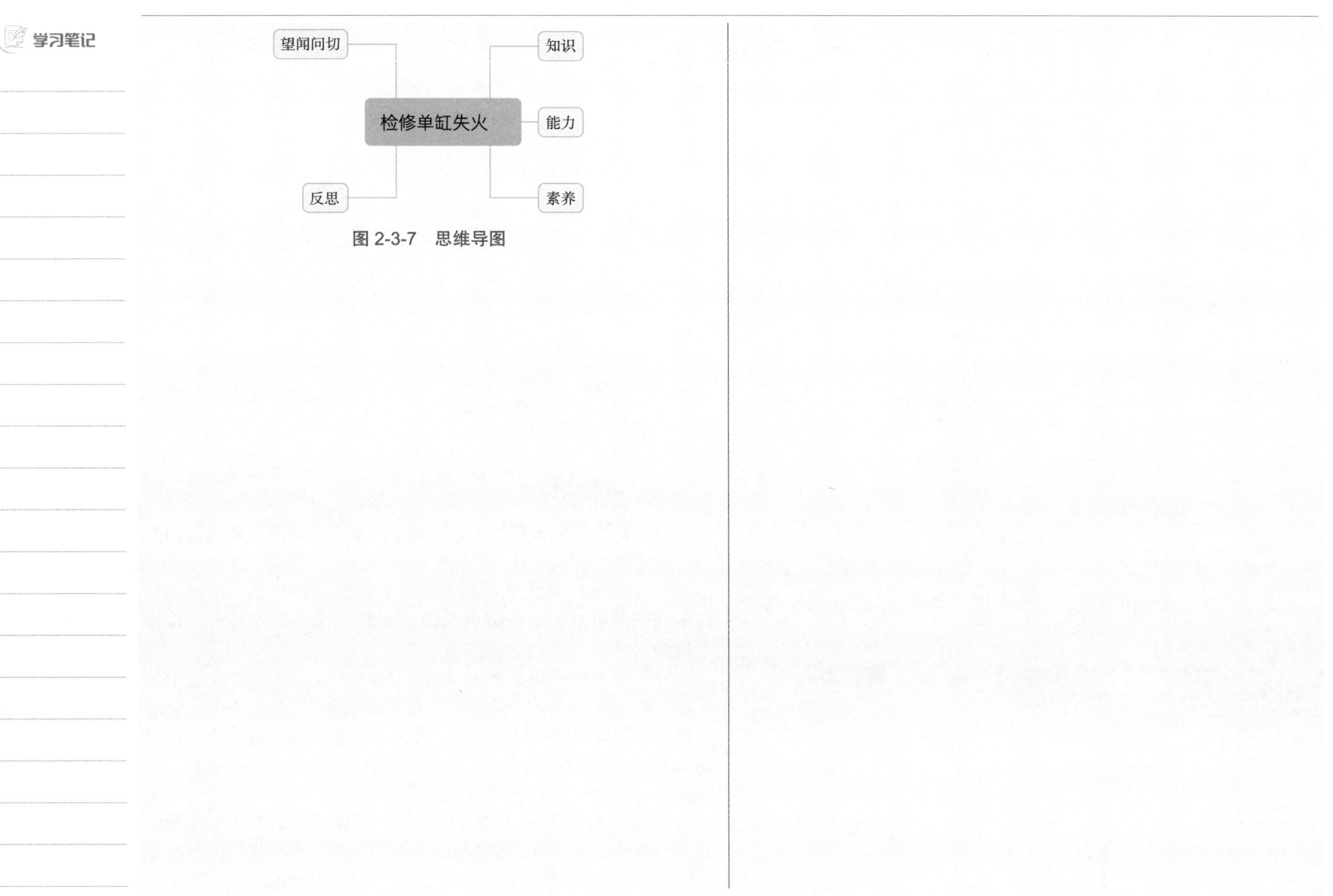

图 2-3-7　思维导图

任务四　检修氧传感器

职业行动

步骤一：确认故障现象

维修人员对迈腾 1.8T 试车发现客户车辆确实存在怠速不稳现象，油耗增加，排气管还有黑烟冒出。

步骤二：作业准备

1. 作业场地

配有尾气抽排系统和消防设施的汽车维修作业场地。

2. 设备设施

大众迈腾 1.8T 汽车、举升工位、空压机、举升保护装置、灭火器、垃圾桶等。

3. 工量辅具（见表 2-4-1）

表 2-4-1　检修氧传感器工量辅具

常用工具	数字万用表	工具车
数字示波器	维修手册	故障诊断仪
	修理手册 Magotan B7L 2012年型 电路图	

职业知识

氧传感器

类型	氧传感器有氧化锆（ZrO_2）式和氧化钛（TiO_2）式两种。 加热元件 通气孔 二氧化钛元件 加热元件 锆管 通气孔
功用	• 氧传感器按功能不同分为：前氧传感器和后氧传感器。 • 前氧传感器用于检测混合气空燃比，ECU 据此调节喷油量，实现空燃比的闭环控制。 • 后氧传感器用于检测经过三元催化转换器转换后的排气成分，监测三元催化转换器的转换效率

学习笔记

4. 耗材

线束、干净抹布、氧传感器等。

步骤三：氧传感器故障诊断与维修

1. 利用故障诊断仪读取故障码

打开点火开关，利用故障诊断仪器读取电控系统故障码。

氧传感器电路故障，气缸列 1 传感器 2 未检测到活动。

2. 根据迈腾 1.8T 发动机维修手册，拆画氧传感器的电路图

查询维修电路图，拆画氧传感器电路图，如图 2-4-1 所示。

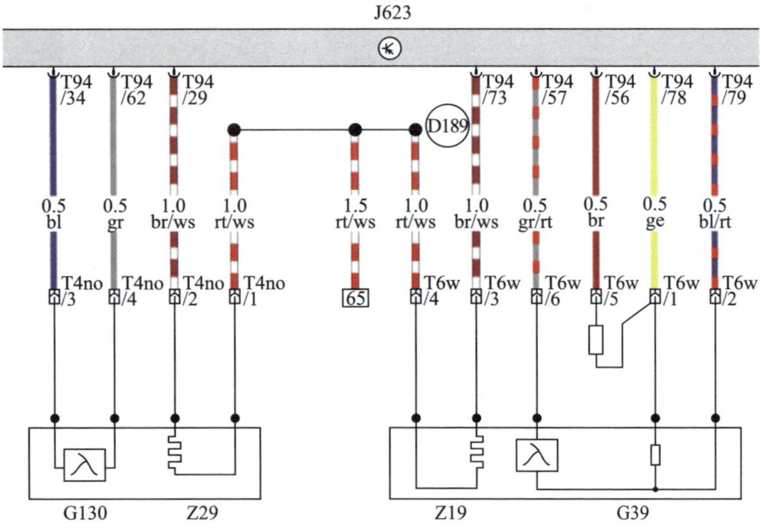

图 2-4-1　氧传感器电路图

氧化锆式氧传感器工作原理

氧化锆在温度超过 300 ℃后，才能进行正常工作。大部分汽车使用带加热器的氧传感器。这种氧传感器内有一个电加热元件，可在发动机启动后的 20 ～ 30 s 内迅速将氧传感器加热至工作温度

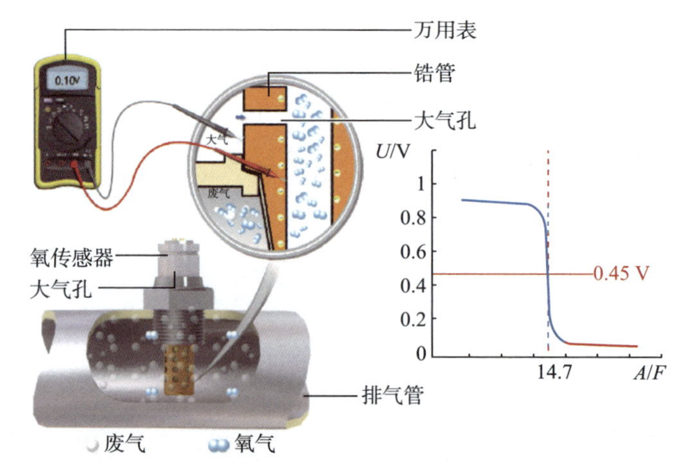

迈腾 1.8T 发动机前氧传感器安装位置

图中绿色元件为前氧传感器

诚信修车，德技并修。

学习笔记

3. 读取氧传感器数据流

（1）将故障诊断仪连接到诊断接口上，打开点火开关启动发动机。

（2）打开故障诊断仪，读取氧传感器数据流，显示 0.47 V 和气缸列 1 传感器 2 不正常。

4. 检测氧传感器

（1）根据故障码和数据流显示，初步判断氧传感器 2（后氧传感器 G130）出现故障。

（2）按照正确操作标准举升车辆，在故障车辆上找到后氧传感器的安装位置，如图 2-4-2 所示。

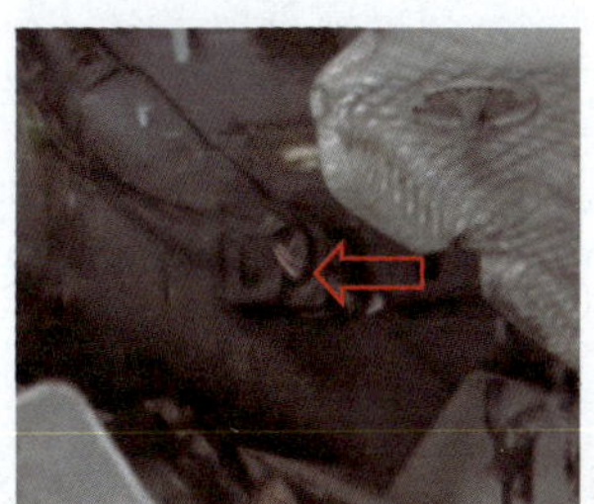

图 2-4-2　后氧传感器安装位置

（3）将后氧传感器 G130 从汽车底盘中拉出，对后氧传感器 G130 的外观线束有无破损进行检查。

（4）将探针插入后氧传感器 T4no/1 端子，将万用表校准后调至 20 V 挡，打开点火开关，进行电压测量，测试结果为 12.34 V，正常。

（5）对后氧传感器 T4no/2 端子与发动机控制单元 J623 连接线束进行导通检测，检测结果正常。

（6）将探针插入后氧传感器 T4no/3 端子和 T4no/4 端子，将万用表校准后调至电阻 200 Ω 挡，进行阻值测量，测试结果为 10.3 Ω。数据正常，如图 2-4-3、图 2-4-4 所示。

迈腾 1.8T 发动机氧传感器引脚功能	
前氧传感器 G39 加热器 Z19	• 结合图 2-4-1，前氧传感器有六根线。 • T6w/4 为加热器 12 V 电源，T6w/3 为加热器 ECU 控制的搭铁端子。 • T6w/6 为氧电池单元的信号端子，T6w/5 为校准后的泵氧单元的信号端子，T6w/1 为泵氧单元的初始信号端子。 • T6w/2 为氧电池单元与泵氧单元的共用参考接地端子
后氧传感器 G130 加热器 Z29	• 结合图 2-4-1，后氧传感器有四根线。 • T4no/1、T4no/2 为加热器端子。 • T4no/3、T4no/4 为氧传感器端子

迈腾 1.8T 发动机后氧传感器安装位置

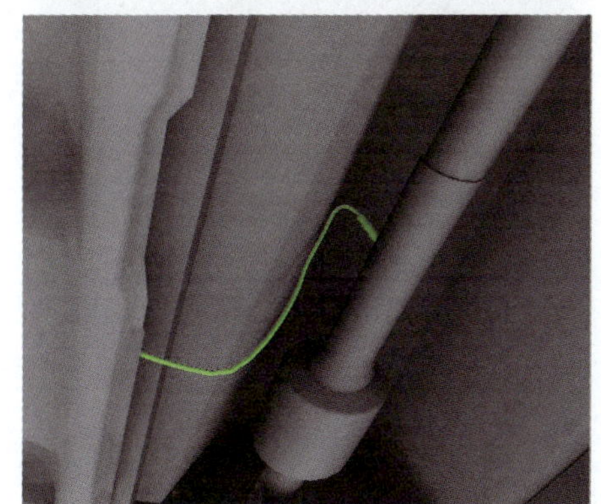

图中绿色元件为后氧传感器

学习笔记

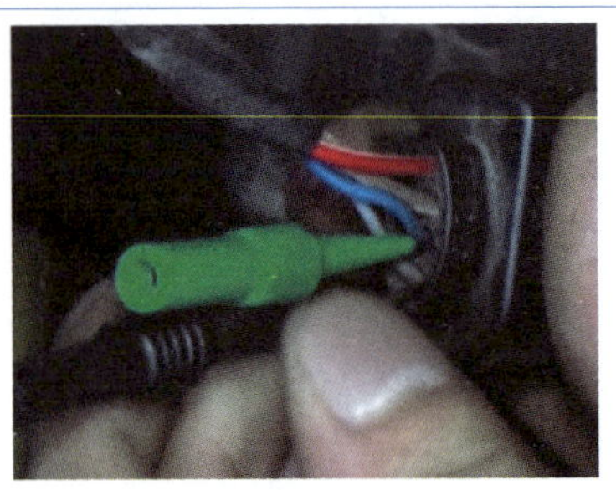
图 2-4-3　连接探针

图 2-4-4　使用万用表测量

（7）将后氧传感器 T4no/3 端子和 T4no/4 端子线束连接到示波器上，启动发动机怠速运转，对后氧传感器的电压和波形进行检测。电压值为 0.03 V，电压值异常，波形异常。

（8）对后氧传感器 G130 的 T4no 插头进行检查，结果发现该插头 4 号引脚接触不良，将该插头进行修复后重新安装到位，如图 2-4-5 所示。

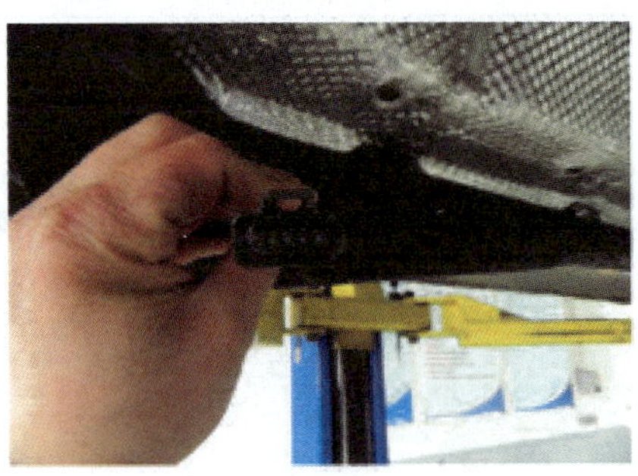
图 2-4-5　连接 T4no 插头

（9）重复步骤（7）的操作，电压数据为 0.437 V，传感器工作波形正常，如图 2-4-6 所示。

迈腾 1.8T 发动机前氧传感器检测方法	
加热器电源检测	• 关闭点火开关，拔下前氧传感器插头，点火开关至 ON 位。 • 用万用表检测前氧传感器插头 T6w/4 端子与搭铁之间电压，电压应为 12 V 左右
输出信号检测	• 启动发动机并运转至工作温度。 • 用万用表检测前氧传感器信号端子 T6w/5 与搭铁之间电压，怠速时信号电压值应在 2.2 V 至 2.8 V 之间变化
线束电阻检测	• 点火开关断开，断开前氧传感器连接器。 • 检测前氧传感器与发动机 ECU 对应端子线束的电阻，应小于 1 Ω
加热器电阻检测	• 关闭点火开关，拔下前氧传感器插头。 • 用万用表检测前氧传感器插头 T6w/3 与 T6w/4 端子之间电阻，电阻值应为 3.7 Ω 左右

迈腾 1.8T 发动机后氧传感器检测方法	
加热器电源检测	• 关闭点火开关，拔下后氧传感器插头，点火开关至 ON 位。 • 用万用表检测前氧传感器插头 T4no/1 端子与搭铁之间电压，电压应为 12 ～ 14 V
输出信号检测	• 启动发动机并运转至工作温度。 • 用示波器检测后氧传感器信号端子 T4no/3 与 T4no/4 之间电压及波形，后氧传感器信号在 0.45 V 左右，T4no/3 与 T4no/4 之间阻值为 4 ～ 40 Ω
线束电阻检测	• 点火开关断开，断开后氧传感器连接器。 • 检测后氧传感器 T4no/2 端子与发动机 ECU 对应端子线束的电阻，应小于 1 Ω

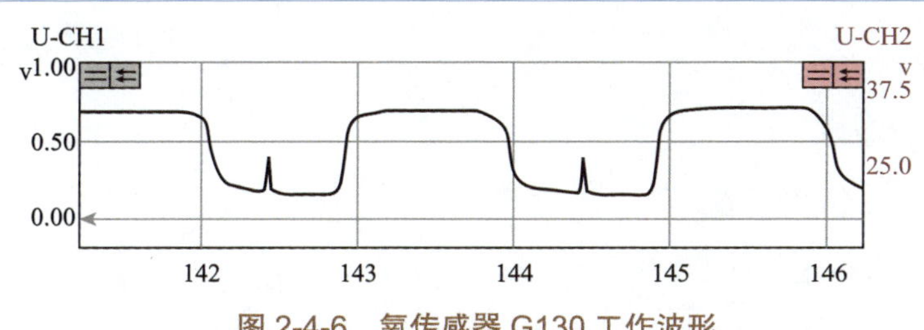

图 2-4-6　氧传感器 G130 工作波形

5. 着车试车

（1）重新启动发动机，着车试车，怠速正常。

（2）对车辆进行数据流读取。油耗恢复正常，排气管没有黑烟冒出，故障排除完毕。

步骤四：车辆交付

将修复好的迈腾 1.8T 车辆交付给客户。

操作规范要求

- 穿着干净整洁的工作服。
- 穿工鞋、戴工帽。
- 实际操作时不可佩戴手表、戒指等金属饰品。
- 遵守场地安全规定，注意用电安全。
- 遵守 5S 操作要求，安全作业。
- 插拔诊断仪时一定要关闭点火开关。
- 在检测前氧传感器和后氧传感器时，严禁用力拉扯线束，正确插拔插接器。
- 检测电气元件需要断开部件插头时，应提前关闭点火开关

视频

2-7 氧传感器检测

视频

2-8 氧化锆式氧传感器工作原理

视频

2-9 氧化钛式氧传感器工作原理

学习笔记

任务测评

一、知识测评

确定本任务关键词，按重要程度进行关键词排序并举例解读。

根据自己对重要信息捕捉、排序、表达、创新和划分权重能力进行自评，满分 100 分（见表 2-4-2）。

表 2-4-2　检修氧传感器故障知识测评表

序号	关键词	举例解读	评分自定
1			
2			
3			
4			
5			
总分			

二、能力测评

对表 2-4-3 所列作业内容，操作规范即得分，操作错误或未操作即零分。

表 2-4-3　检修氧传感器故障能力测评表

序号	作业内容	配分	得分
1	确认故障现象	20	
2	实施操作准备	20	
3	故障诊断维修	40	
4	故障排除验证	20	
总分		100	

三、素养测评

对表 2-4-4 所列素养点，做到即得分，未做到即零分。

表 2-4-4　检修氧传感器故障素养测评表

序号	素养点	配分	得分
1	安全作业，无安全隐患	20	
2	保护环境，无乱扔乱倒	20	
3	规范标准，无野蛮操作	20	
4	团队协作，无不洽关系	20	
5	遵守场地 5S	20	
总分		100	

四、拓展训练

（1）汽车发动机氧传感器如果出现问题，会导致发动机出现什么故障现象。（25 分）

（2）现 2013 款大众速腾车辆存在怠速不稳，油耗大，尾气冒黑烟。维修人员初步判断是氧传感器故障，试制定检修流程并进行检修。（25 分）

（3）李琳在汽车 4S 店干汽车维修工工作已经一年多了，认识了很多同事同行。一次在上班午休的时候，李琳和一位同事闲聊，该同事对他说："有一次在维修汽车氧传感器的时候，其实氧传感器没有坏，就是有点脏了，简单处理一下使用没问题的，但是我懒得处理直接换了一个新的氧传感器。"李琳听后说："这么做不地道吧，你这不是欺骗客户吗？让客户多花冤枉钱吗？"

请按图 2-4-7 所示思维导图格式，对检修氧传感器的学习收获进行总结，并搜集五个"诚实守信，德技并修"汽车维修案例以故事的形式讲给老师或者同学们听，并给每一个故事取一个过目不忘的好名字。（50 分）

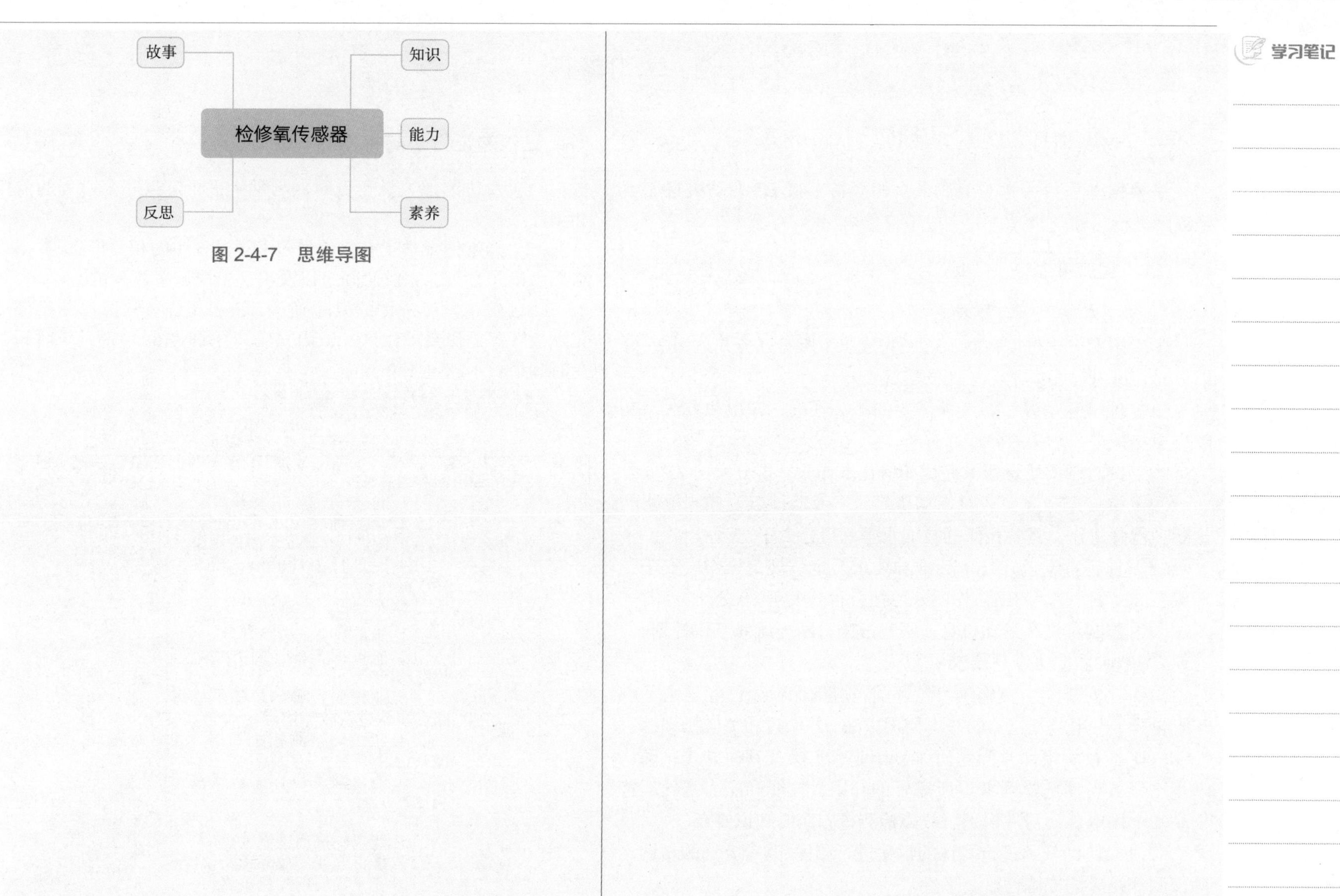

图 2-4-7　思维导图

学习笔记

学习考评

一、考评项目

请根据本项目所学对上汽大众帕萨特 1.8T B5 发动机怠速不稳故障进行诊断与维修，并完成考评报告。

二、实施准备

1. 学生准备工作与要求

学生按照教学进度计划，已经完成以下所有任务并达到 75 分以上时，可进行相应学习考评的实施。

（1）理解并掌握学习考评需要的相关理论、知识和方法，并能应用知识进行相关故障诊断分析。

（2）按时、按质量要求完成相应任务作业，得分大于 75 分。

（3）按规定独立完成对发动机系统、元器件以及控制电路的诊断和检修工作，具备相应的技能水平，得分大于 75 分。

（4）具有自觉遵守技术标准和要求规定、规范操作、安全、环保、“5S”作业、团结协作的好习惯，得分大于 80 分。

（5）能制订汽车发动机怠速不稳故障诊断与维修工作计划。

2. 教师准备工作与要求

（1）在安排学生实施学习考评前，应确保学生已经学会了汽车工量具、专用检测仪器的基本使用方法，并做过相关实操训练。

（2）通过学生课堂问题研讨、作业、实操及其他方式，确认学生已经具备实施学习考评所需要的知识、技能和能力基础，特别是安全用电、元器件识别、故障检测等方面的知识要点。

（3）对协助教师进行测评的学生进行测评、监督方法的培训，确保测评结果的准确性、公平性。

（4）准备好测评记录。

三、验证方法与标准

（1）每位测评人员负责对四名学生进行定点、全过程的监控和测评。

（2）详细记录学生在实施学习考评过程中的相关信息、数据、结果、操作方法、完成时间，以及出现错误、事故等情况。

（3）每个学习考评的故障确认、准备工作、故障诊断维修、排除故障等操作要求在 90 min 内完成。时间不够可申请延长时间，总时间最长不超过 120 min。

（4）考评内容及评分标准见下表。

考评内容及评分标准

序号	评分项	得分条件	评分标准	配分	扣分
1	安全 /5S/ 态度	□ 1. 能进行工位 5S 操作。 □ 2. 能进行设备和工具安全检查。 □ 3. 能进行车辆安全防护操作。 □ 4. 能进行工具清洁、校准、存放操作。 □ 5. 能进行三不落地操作	未完成 1 项扣 3 分，扣分不得超 15 分	15	
2	专业技能能力	□ 1. 能正确确定故障现象。 □ 2. 能根据正确诊断方法进行故障诊断。 □ 3. 能按照正确的故障维修思路和步骤进行故障检修。 □ 4. 能正确检测相关数据，并做好记录。 □ 5. 能够熟练操作工量具及检测仪器	未完成 1 项扣 10 分，扣分不得超 50 分	50	
3	工具及设备的使用能力	□ 1. 能正确选用维修工具。 □ 2. 能正确使用故障诊断仪。 □ 3. 能正确使用测量工具。 □ 4. 能正确使用专用工具	未完成 1 项扣 5 分，扣分不得超 10 分	10	

学习笔记

续表

序号	评分项	得分条件	评分标准	配分	扣分
4	资料、信息查询能力	□ 1. 能正确使用维修手册查询资料。 □ 2. 能正确使用用户手册查询资料。 □ 3. 能在规定时间内查询所需资料。 □ 4. 能正确记录查询资料章节页码。 □ 5. 能正确记录所需维修信息	未完成1项扣2分，扣分不得超10分	10	
5	数据判读和分析能力	□能判断发动机相关部件是否需要维修或更换	未完成1项扣10分，扣分不得超10分	10	
6	表单填写与报告的撰写能力	□ 1. 字迹清晰。 □ 2. 语句通顺。 □ 3. 无错别字。 □ 4. 无涂改。 □ 5. 无抄袭	未完成1项扣1分，扣分不得超5分	5	
合计				100	

四、考评报告

说明：考评分为理论考评和实操考评，理论考评根据项目要求以及考评模板格式制定项目实施方案，方案经教师审核合格后，方可进行实操考核。考评报告模板详见附录A。

学习笔记

拓展阅读——培养汽车维修思维能力的方法

要想成为一名优秀的汽车维修人员，就必须培养自己正确的思维方法，建立起故障判断思维模型。那么我们自己是不是有这个潜力，成为一名高手呢？别急，用下面的一个简单的方法测试一下自己是否具有创造性思维的潜能！

序号	问题	回答
1	你做白日梦吗	是/否
2	你喜欢并一直在幻想拥有一辆梦想之车吗	是/否
3	你是否经常有意识地进行色彩、性能、造型等方面的有意识的比较	是/否
4	你是否喜欢多种风格的音乐	是/否
5	你是否能愉快地回忆排除故障的经历	是/否
6	你在儿童时代是否经常问各种各样的问题	是/否
7	你现在是否仍然经常提出很多问题	是/否
8	你是否对汽车的复杂和技术的精湛感到惊叹并且希望弄清它	是/否
9	你生活中是否有一些事情曾经承诺去做，却至今尚未完成	是/否
10	音乐、运动、表演、艺术等领域的完美表演是否常常打动你	是/否
11	生活中是否有入迷的事	是/否

上述问题回答“是”达到 60%，说明你有很好的创造性思维能力，有成为修车大师的潜力。但潜力如何成为现实呢？从思维的角度，要着重有意识培养自己的三种能力，努力就会有收获。

1. 培养集中注意力

就是把注意力集中在一个题目或自愿选择的一件事情上，用意志封闭其他一切接受信息的渠道。训练方法：

（1）用眼睛盯住钟表的秒针，并随其移动一圈，每天坚持一次；

（2）把类似“耦合器－变矩器”词语倒过来反复朗读，一直到念错为止；

（3）看一段小故事并复述故事梗概。

类似的关注某一点的思维聚焦训练，会逐渐增强你的注意力集中水平和细微处异常的察知能力。

2. 培养直觉力

直觉思维也就是平常我们在遇到疑难故障时，第一感觉，一眼就看出最可能的故障点，经常挂在嘴边的“凭感觉……原因应该是……”。直觉能力是经验的积累后对问题的敏感程度，训练方法：

（1）在没有人烟的深山里，汽车发动机的轴瓦抱了，试设计出 5 种以上的解决办法让车动起来；

（2）列出 10 个发动机不启动的原因，按照最常见原因排序；

（3）在检查电路系统的电压降时，身边的万用表突然坏了，设想 3 种以上的解决办法。

类似的训练方法就是将经验知识不断系统化总结，你的直觉判断能力就会越来越强。

3. 培养综合分析能力

培养综合分析能力就是培养透过现象看本质的能力，具体而言包括对比分析、综合分析、因果分析等，对任何一个故障现象都要就根源和各种可能性，通过各种方法建立系统思维模型，训练方法：

（1）学习汽车电控知识是唯一提高汽车维修能力的途径吗？

（2）我们常说同样的故障不同的现象，同样现象的原因是不同的故障而引起，为什么？

（3）如果给你一个设备齐全、先进的汽车故障诊断中心，设想一下你将如何去经营。

（4）可以使用故障树、鱼骨图等分析工具进行训练。

思考：请大家选取一个汽车典型案例或者学习工作中遇到的具体汽车问题进行故障分析。大家如果每天坚持分析整理一个案例，不断地培养自己的维修思维能力，那么汽车维修领域的大国工匠将非你莫属！

学习笔记

学习笔记

项目三　检修汽车发动机无法启动

一、项目描述

完成大众迈腾 1.8T 汽车发动机无法启动故障诊断与维修作业。

二、项目要求

符合大众迈腾 1.8T 汽车发动机技术要求和标准，正确使用专用工量具、专用检测仪器，完成发动机无法启动故障检修作业。

（1）检修蓄电池亏电；

（2）检修起动机不转；

（3）检修燃油泵控制系统；

（4）检修点火系统失效；

（5）检修凸轮轴位置传感器。

三、学习目标

（1）准确描述蓄电池、起动机、燃油泵控制系统故障诊断方法；

（2）准确描述燃油泵控制系统、点火系统失效、凸轮轴位置传感器故障诊断方法；

（3）规范地对汽车蓄电池亏电进行检修；

（4）规范地对汽车起动机不转进行检修；

（5）规范地对燃油泵控制系统故障进行检修；

（6）规范地对点火系统失效故障进行检修；

（7）规范地对凸轮轴位置传感器进行检修；

（8）养成安全、环保、“5S”作业的好习惯；

（9）养成精益求精的工作观。

四、学习载体

近期二手车行低价收购一台大众迈腾 1.8T 这款车，这台车暂时无法启动。经过二手车行专业维修人员对大众迈腾 1.8T 这款车进行全车检查后，发现该车蓄电池严重亏电、起动机不工作、燃油泵不泵油、点火系统不工作、凸轮轴位置传感器工作异常。为了整备这台大众迈腾 1.8T 这款车，维修人员准备从蓄电池、起动系统、燃油泵控制系统、点火系统、凸轮轴位置传感器入手，逐一进行故障排查，修好这台二手车。大众迈腾 1.8T 汽车发动机无法启动故障分析见下图。

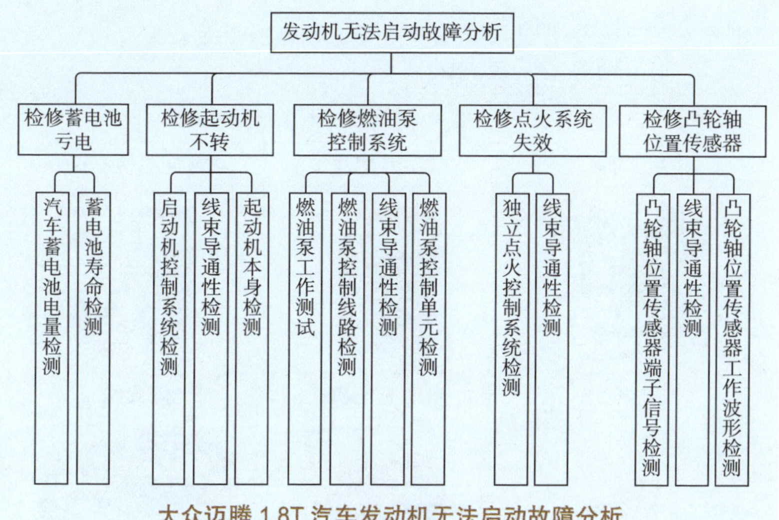

大众迈腾 1.8T 汽车发动机无法启动故障分析

学习笔记

任务一　检修蓄电池亏电

职业行动

步骤一：确认故障现象

维修人员试车发现客户车辆起动机运转无力，发动机无法启动。

步骤二：作业准备

1. 作业场地

配有尾气抽排系统和消防设施的汽车维修作业场地。

2. 设备设施

大众迈腾 1.8T 汽车、举升工位、汽车维修三件套、举升保护装置、垃圾桶、集油车等。

3. 工量辅具（见表 3-1-1）

表 3-1-1　检修蓄电池亏电工量辅具

常用工具	数字万用表	蓄电池检测仪
吹尘枪	启动充电机	搭火线

职业知识

汽车发动机无法启动故障分析

- 蓄电池故障。
- 起动机不运转。
- 发动机供电控制线路故障。
- 发动机燃油泵控制系统故障。
- 发动机点火系统故障。
- 发动机电控系统传感器故障。
- 发动机进气系统故障。
- 发动机气缸压力不足

启动充电机

实物图片	操作方法
	• 将充电机的（红色）正极（+）连接蓄电池正极（+）；（黑色）负极（-）连接蓄电池负极（-）。 • 充电机连接充电后，要先将充电电压调至 12 V 挡或 24 V 挡，再将充电电流调至 3 ～ 5 挡之间，观察充电电流在 4 ～ 6 A 即可。 • 自动挡绿灯亮起即已充满；手动挡当电流表显示小于 0.5 A，表示已充满

聪明出于勤奋，天才在于积累。

4. 耗材

蓄电池、干净抹布、线束等。

步骤三：汽车蓄电池故障诊断与维修

1. 铺好维修三件套，检测蓄电池电压

（1）打开发动机舱，利用吹尘枪将发动机舱蓄电池周围进行除尘工作。

（2）按照正确方法，拆下蓄电池罩盖。

（3）校准万用表，将万用表调至 20 V 直流挡。

（4）将万用表测试黑表笔连接到蓄电池负极柱（－）上，红表笔连接到蓄电池正极柱（＋）上。检测蓄电池电压值，如图 3-1-1、图 3-1-2 所示。

图 3-1-1　校准万用表

图 3-1-2　检测蓄电池电压

（5）检测数值为 10.5 V，确定蓄电池电压电量不足。

2. 对故障车辆进行对火，启动发动机

（1）准备救援车辆或者电量充足的蓄电池。

（2）救援搭火线按照正确的接线方法将故障车辆蓄电池正负极与救援车辆蓄电池正负极连接，如图 3-1-3 所示。

（3）启动救援车辆，并将发动机转数控制在 2 000 转左右。

（4）启动故障车辆发动机，发动机启动后持续运转 30 min。

吹尘枪

实物图片	操作方法
	• 将吹尘枪通过快速接头与压缩空气管路相连接。 • 根据被除尘设备具体位置进行管路长度调节。 • 最终对要除尘的零部件进行除尘作业

蓄电池

组成	• 汽车上一般采用铅蓄电池。 • 铅蓄电池主要由正负极板、隔板、电解液、外壳、极桩、蓄电池盖及加液孔盖等部分组成
工作原理	• 蓄电池充放电过程就是化学能与电能相互转化的过程：当蓄电池向外供电时，将化学能转化为电能。 • 蓄电池与外部直流电源相连进行充电时，将电能转化为化学能
功用	• 发动机启动时，向起动机和点火系统供电。 • 发动机低速运转时，向用电设备和发电机磁场绕组供电。 • 发动机中、高速运转时，将发电机剩余电能转化为化学能储存起来。 • 发电机过载时，协助发电机向用电设备供电。 • 蓄电池相当于一个大电容器，能吸收电路中出现的瞬时过电压，保护电子元件，保持汽车电器系统电压稳定

学习笔记

学习笔记

图 3-1-3　正确连接搭火线正负极线束接头

（5）按照正确方法拆下搭火线的正负极，整理设备工具。

（6）确定是蓄电池亏电导致发动机无法启动。

3. 客户咨询

（1）根据客户反映，该故障车辆已经四年整没有更换过蓄电池。

（2）维修人员决定对蓄电池进行寿命检测。

4. 蓄电池寿命检测

（1）目检。眼睛贴近蓄电池“电眼”，观察里面显示的颜色。

（2）准备蓄电池检测仪。

（3）将蓄电池检测仪正负极连接到蓄电池正负极，通过选择检测仪参数对蓄电池进行检测，如图 3-1-4 所示。

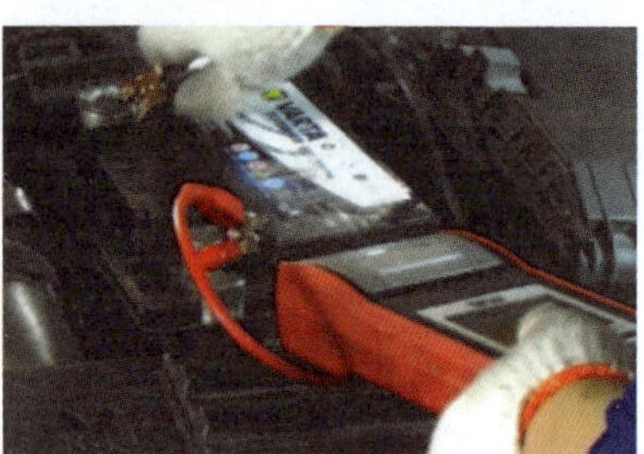
图 3-1-4　连接蓄电池检测仪

迈腾 1.8T 汽车蓄电池对火	
操作方法	• 准备一辆蓄电池电量充足可以启动的救援车或者电量充足的汽车蓄电池。 • 利用汽车专用搭火线对故障车辆进行对火，启动发动机。 • 将红色搭火线的两端一端连接在救援车蓄电池（或者备用蓄电池）的正极，另一端接到被救援（故障）车辆蓄电池正极端子。 • 将黑色搭火线的两端一端连接在救援车蓄电池（或者备用蓄电池）的负极，另一端接到被救援（故障）车辆蓄电池负极端子。 • 启动救援车发动机，使车辆在 2 000 转下运转。同时，启动故障车辆发动机（最好两人操作）。如果是备用蓄电池救援，直接启动故障车辆。 • 故障车辆着火后，按照正确操作方法拆下搭火线正负极线束，让故障车辆持续不熄火着车 30 min 左右，让蓄电池充满电
规范要求	• 搭接救援搭火线正负极时，不要将故障车辆与救援车辆的正负极接反。 • 接线和拆线的顺序要正确，否则无法启动发动机。 • 一定要避免正负极对接，导致短路，烧坏蓄电池。 • 避免搭火线正极与车身连接，避免短路，使蓄电池放电

聪明出于勤奋，天才在于积累。

（4）通过检测蓄电池发现蓄电池容量不足，需要更换蓄电池，如图 3-1-5 所示。

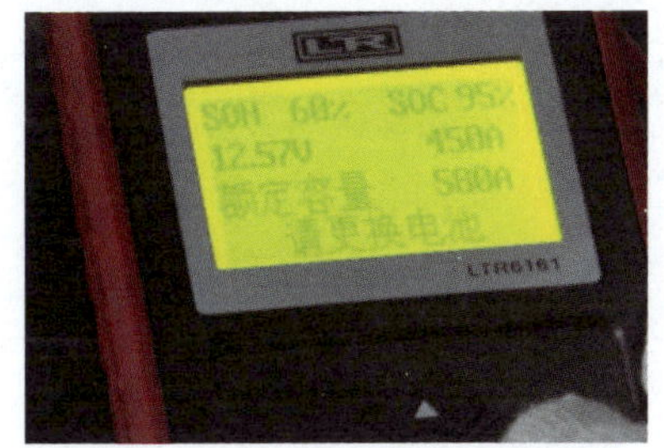

图 3-1-5　蓄电池检测仪检测蓄电池

5. 更换蓄电池

（1）拆解蓄电池护盖，利用专用工具拆卸蓄电池正负极紧固螺栓，如图 3-1-6 所示。

图 3-1-6　拆卸蓄电池

（2）拆卸固定板螺栓，从车上取下蓄电池，注意要轻拿轻放，尽量使用蓄电池提把取出。

（3）将新的蓄电池安装到实车蓄电池安装位置上，注意正负极方向。

（4）连接蓄电池正负极柱，使用专用工具紧固正负极柱紧固螺栓，如图 3-1-7 所示。

迈腾 1.8T 汽车蓄电池检测方法

电眼检测	• “绿色”，蓄电池已充分充电。 • “黑色”，蓄电池部分放电，充电状态小于 65% 或者放电。 • “无色或者黄色”，蓄电池必须更换
蓄电池电压	正常值大于 12.5 V
放电能力	正常蓄电池放电后端电压应不小于规定值

蓄电池检测仪

实物图片	操作方法
	• 将蓄电池检测仪正负极连接到蓄电池正负极。 • 把蓄电池检测仪接入蓄电池 10 ～ 15 s，观察读数。 • 电压保持在 10.5 ～ 11.6 V，表示容量充足，蓄电池无故障。 • 电压保持在 9.6 V ～ 10.5 V，表示容量不足，蓄电池无故障。 • 电压降到 9.6 V 以下，表示容量严重不足或蓄电池有故障

学习笔记

图 3-1-7 安装蓄电池

（5）安装固定板紧固螺栓，盖上蓄电池护盖。

（6）关闭发动机舱盖。

6. 着车试车

对迈腾 1.8T 车辆进行着车测试，发动机一次成功着车，车辆怠速平稳，车辆无法启动故障排除。

步骤四：车辆交付

将修复好的迈腾 1.8T 车辆交付给客户。

更换迈腾 1.8T 汽车蓄电池操作方法

- 将点火开关置于 OFF 位置。
- 打开发动机舱盖，取下蓄电池护罩盖。
- 拆下蓄电池固定夹板的固定螺栓，取下固定夹。
- 拧松蓄电池正、负极柱上的电缆接头固紧螺栓，取下电缆。
- 从汽车上取下蓄电池。
- 按照蓄电池正、负极柱和正、负电缆端子的相对位置，将蓄电池安放到固定架上。
- 用细砂纸或专用清洁器清洁蓄电池的接线柱及连接接线柱夹头。
- 在螺栓、螺母的螺纹上涂凡士林或润滑脂，以防氧化生锈。
- 在正、负极柱及其电缆端子上涂抹一层润滑脂，以防极柱及电缆端子氧化腐蚀。
- 安装固定夹板，拧紧夹板固定螺栓。
- 盖上蓄电池护罩盖，关闭发动机舱盖

视频

3-1 检查蓄电池外观

视频

3-2 蓄电池检测

聪明出于勤奋，天才在于积累。

任务测评

一、知识测评

确定本任务关键词，按重要程度进行关键词排序并举例解读。

根据自己对重要信息捕捉、排序、表达、创新和划分权重能力进行自评，满分 100 分（见表 3-1-2）。

表 3-1-2　检修蓄电池亏电故障知识测评表

序号	关键词	举例解读	评分自定
1			
2			
3			
4			
5			
总分			

二、能力测评

对表 3-1-3 所列作业内容，操作规范即得分，操作错误或未操作即零分。

表 3-1-3　检修蓄电池亏电故障能力测评表

序号	作业内容	配分	得分
1	确认故障现象	20	
2	实施操作准备	20	
3	故障诊断维修	40	
4	故障排除验证	20	
总分		100	

三、素养测评

对表 3-1-4 所列素养点，做到即得分，未做到即零分。

表 3-1-4　检修蓄电池亏电故障素养测评表

序号	素养点	配分	得分
1	安全作业，无安全隐患	20	
2	保护环境，无乱扔乱倒	20	
3	规范标准，无野蛮操作	20	
4	团队协作，无不洽关系	20	
5	遵守场地 5S	20	
总分		100	

四、拓展训练

（1）请思考一下，传统燃油汽车车上有几个供电电源？分别都有什么功用（25 分）？

（2）现 2013 款大众速腾车辆无法启动，维修人员初步判断是蓄电池亏电故障，试制定检修流程并进行检修（25 分）。

（3）请按图 3-1-8 所示思维导图格式，对检修蓄电池亏电的学习收获进行总结，同时搜集至少两个因为蓄电池亏电导致汽车工作不良的案例，梳理故障判断思路，并结合检修蓄电池亏电的任务谈谈对“聪明出于勤奋，天才在于积累。”的理解（50 分）。

学习笔记

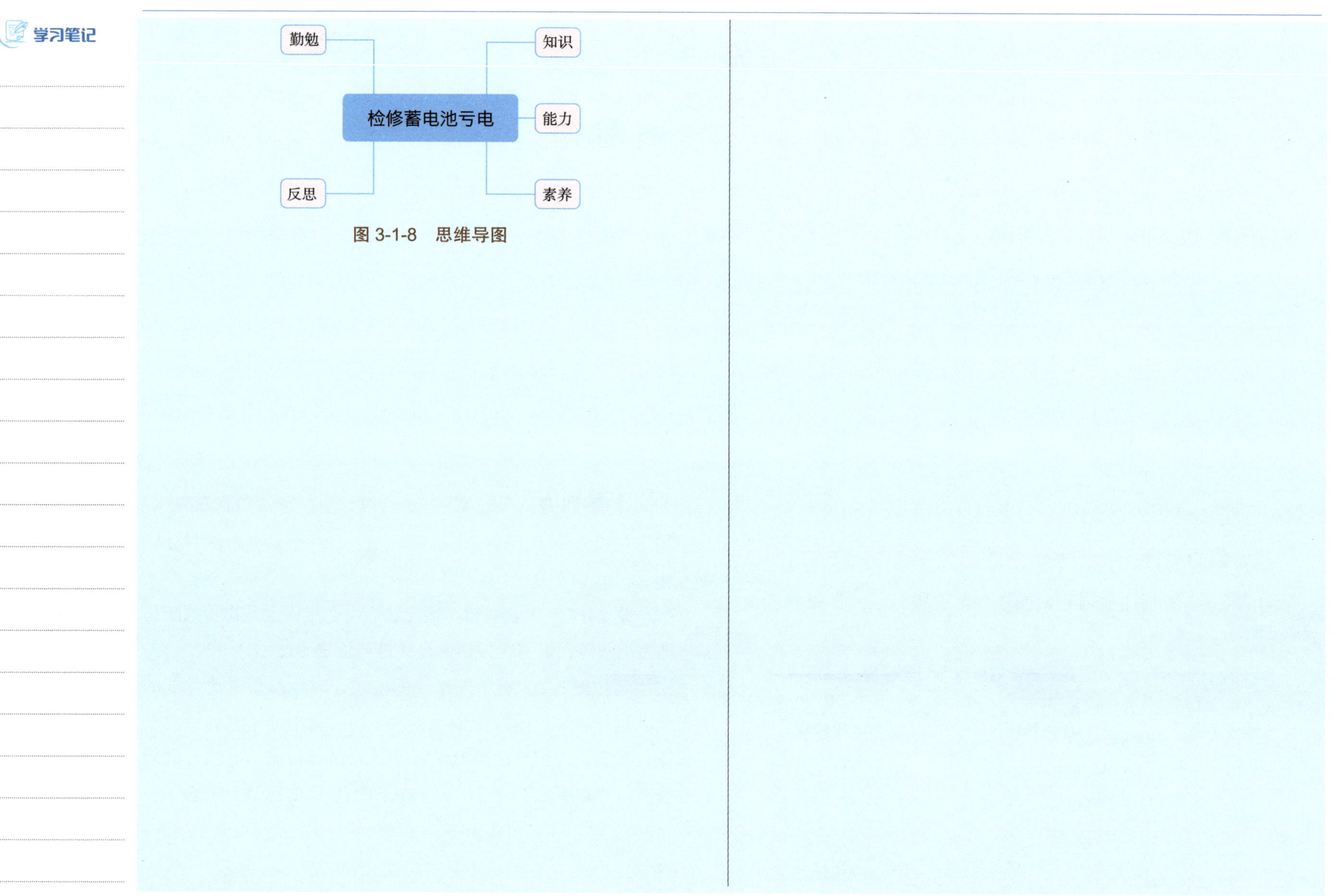

图 3-1-8　思维导图

聪明出于勤奋，天才在于积累。

任务二　检修起动机不转

职业行动

步骤一：确认故障现象

维修人员对大众迈腾 1.8T 汽车试车发现客户车辆没有着车迹象，起动机不运转，发动机无法启动。

步骤二：作业准备

1. 作业场地

配有尾气抽排系统和消防设施的汽车维修作业场地。

2. 设备设施

大众迈腾 1.8T 汽车、汽车维修三件套、垃圾桶、举升机等。

3. 工量辅具（见表 3-2-1）

表 3-2-1　检修起动机不转工量辅具

常用工具	数字万用表	数字示波器
维修手册	故障诊断仪	208 接线盒

职业知识

汽车发动机无法启动，起动机不转故障分析

- 蓄电池亏电。
- 起动系统控制线路故障。
- 起动机搭铁或本身故障

起动机

实物图片	功用	规范要求
	利用起动机中的直流电动机将蓄电池的电能转换为机械能，再通过传动机构传递给发动机，实现起动	• 操作简便，起动迅速，具有重复起动能力。 • 起动应平顺，啮合要柔和，不发生冲击。 • 起动后小齿轮应能自动打滑或脱离啮合。 • 发动机正常工作时，起动机的小齿轮不能再进入啮合状态

学习笔记

4. 耗材

熔丝、跨接线（探针）、干净抹布、线束、起动机等。

步骤三：起动机不工作故障诊断与维修

1. 利用万用表检测蓄电池电压

（1）铺好汽车维修三件套，校准万用表，将万用表调至直流电压 20 V 挡。

（2）将万用表的红黑表笔对应连接到蓄电池的正负极中，进行蓄电池电压检测，电压值为 12.78 V，电压值正常，如图 3-2-1 所示。

图 3-2-1　检测蓄电池电压值

2. 铺好维修三件套，读取故障码

（1）连接故障诊断仪，打开点火开关读故障码，故障码显示：起动机不转，电路电气故障或者机械卡死。

（2）根据故障诊断仪故障提示，进行故障排除。

3. 根据维修电路图，找出起动机控制电路

查询维修电路图，拆画起动机控制电路图，如图 3-2-2 所示。

故障诊断仪读取故障码分析

- 起动机自身故障。
- 起动机搭铁及电源（正极）电路故障。
- 继电器 J710 的触点与起动机启动信号线 T1V 之间的电路故障

迈腾 1.8T 起动机启动控制电路

- 结合图 3-2-2，起动机的电磁开关由供电继电器 J682 和起动机继电器 J710 控制。
- 供电继电器 J682 的电源来自 J329，其线圈又受发动机控制单元 J623 控制。
- 发动机控制单元 J623 又从点火开关、自动变速器挡位状态和制动踏板处取得信号，信号正常方可对供电继电器 J682 和起动机继电器 J710 控制，进而控制起动机工作。
- 起动机控制电路工作情况。
- 当点火开关未发出起动信号、制动踏板没有被踩下、自动变速器挡位不在 P/N 挡时，供电继电器 J682 和起动继电器 J710 的线圈将不能通电，起动机的电磁开关将不通电，也就不能接通起动机的主电路，发动机便不能起动，从而实现对起动机电磁开关的控制。
- 起动发动机时，将自动变速器置于 P 或 N 挡，同时踩下制动踏板，将点火开关置于起动挡（对于无钥匙起动的汽车，按下起动按钮），起动机继电器 J710 电磁线圈通电。
- 继电器常开触点闭合，电源的电流便经继电器的触点通往起动机电磁开关的起动机接线柱，电磁开关通电后，接通起动机的主电路，带动发动机运转

技术到了最后就遇到了想象。

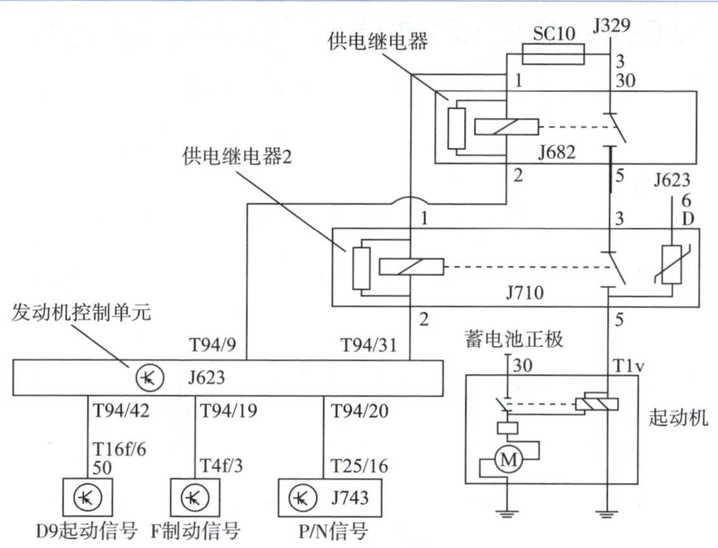

图 3-2-2　起动机控制电路

4. 根据维修电路图，对起动系统线路进行故障诊断

（1）使用专用工具，拆卸空气滤清器总成，如图 3-2-3 所示。

图 3-2-3　拆卸空气滤清器总成

（2）使用专用工具取下起动机接线柱保护盖及 T1V 信号线插头，如图 3-2-4 所示。

迈腾 1.8T 起动机操作规范

- 每次接通起动机的时间不得超过 5 s，连续两次接通起动机应间隔 15 s。
- 若连续几次接通起动机仍不能起动发动机时，应查明原因并排除故障后再使用起动机。
- 发动机起动后，必须立即切断起动机的控制电路，使起动机停止工作。
- 若发现起动时有打齿、冒烟现象，应及时检查诊断并排除故障后再起动。
- 起动机外部应经常保持清洁，各连接导线，特别是与蓄电池相连接的导线，都应保证连接牢固可靠。
- 汽车每行驶 6 000 ～ 7 500 km，应检查起动机工作是否正常，有无异常噪声。
- 每行驶 12 000 ～ 15 000 km，应检查起动机外观、导线连接与紧固情况，并用发动机检测仪或专用仪器检测起动电流和起动电压

迈腾 1.8T 起动系统检修方法

- 利用专用工具，拆卸空气滤清器总成，并拆卸起动机接线柱保护盖及 T1V 信号线插头。
- 利用万用表、跨接线对起动机的 30 端子和 50 T1V 端子进行电压检测，正常为电源电压。
- 利用万用表对起动机的搭铁线路进行检测，正常搭铁电压应小于 0.1 V。
- 如果上述检测的结果异常，进而对各个控制线路上的控制开关（继电器、熔丝）或者线路导通性进行逐一排查。
- 如果上述检测的结果正常，对起动机本身进行故障检测，必要时拆卸起动机

学习笔记

技术到了最后就遇到了想象。

图 3-2-4　取下起动机接线柱保护盖

（3）使用万用表检测起动机 30 端子电压值，测量数据为 12.37 V，数据正常，如图 3-2-5 所示。

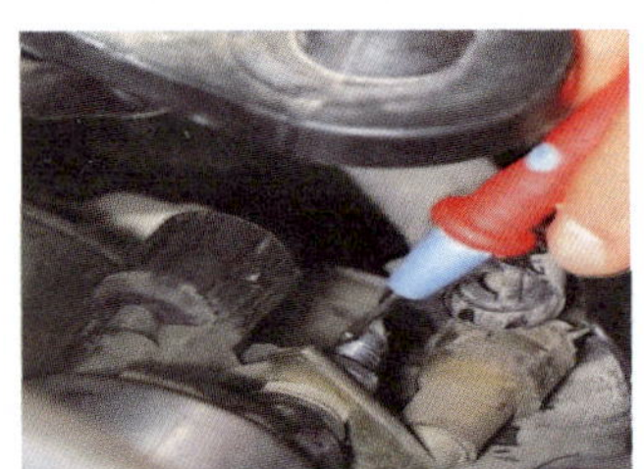

图 3-2-5　检测起动机 30 端子电压值

（4）使用万用表及探针检测起动机 T1V（50）信号线，启动发动机，读取电压值。电压值从 0 变化到 12.39 V，数据正常，如图 3-2-6 所示。

图 3-2-6　检测起动机 T1V 信号线

迈腾 1.8T 起动机拆装方法

- 断开蓄电池负极，利用专用工具，拆卸空气滤清器总成。
- 利用专用工具，拆卸起动机接线柱保护盖及 T1V 信号线插头。
- 利用棘轮扳手和套筒拆卸 30 端紧固螺母，取下蓄电池正极导线。
- 利用棘轮扳手和套筒旋松起动机两颗固定螺栓，从车辆上取下起动机。
- 安装起动机时要将起动机安装到正确位置。
- 使用棘轮扳手和套筒固定起动机固定螺栓，注意按照维修标准将螺栓按照标准力矩拧紧。起动机的紧固螺栓 M12 为 80 N • m，起动机的紧固螺栓 M10 为 40 N • m。
- 安装起动机 30 端导线，并按照标准力矩紧固螺母，连接 50 端子接线插头和起动机接线柱保护盖。连接起动机到蓄电池正极线的固定螺母 M8 为 15 N • m

起动机各子系统功用

直流电动机	产生电磁转矩
传动机构	• 启动时，使起动机驱动齿轮与发动机的飞轮啮合。 • 启动后，使驱动齿轮打滑与飞轮齿环自动脱开
控制装置	接通和切断起动机与蓄电池之间的电路

技术到了最后就遇到了想象。

（5）使用万用表检测起动机的搭铁电压，启动发动机，测量搭铁电压为 0.02 V，数据正常，如图 3-2-7 所示。

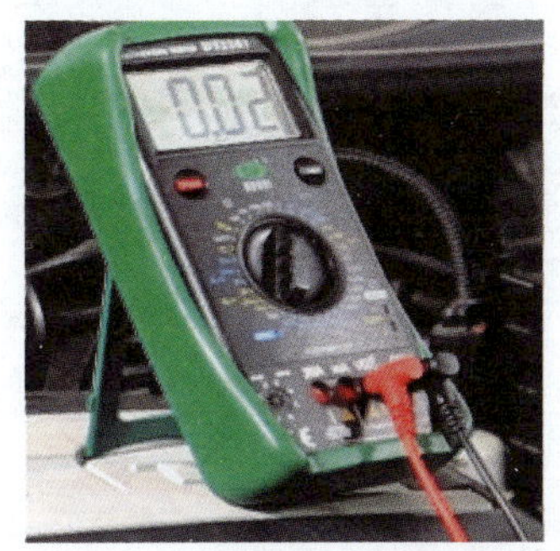

图 3-2-7　检测起动机的搭铁电压

（6）通过检测起动机的供电线路、启动控制线路搭铁正常，初步断定是起动机自身故障。

（7）更换起动机。

5. 着车试车

重新启动发动机，着车试车，起动机正常运转，发动机启动，故障排除完毕。

步骤四：车辆交付

将修复好的迈腾 1.8T 车辆交付给客户。

操作规范要求

- 穿着干净整洁的工作服。
- 穿工鞋、戴工帽。
- 实际操作时不可佩戴手表、戒指等金属饰品。
- 遵守场地安全规定，注意用电安全。
- 遵守 5S 操作要求，安全作业。
- 正确使用万用表、故障诊断仪等检测仪器。
- 按照正确方法和步骤拆卸起动机。
- 安装起动机固定螺栓时要按照维修手册标准力矩拧紧。
- 正确测量起动系统线路通断。
- 拆卸起动机要断开蓄电池负极，方可操作

视频

3-3 拆装起动机

视频

3-4 起动机基本工作原理

学习笔记

任务测评

一、知识测评

确定本任务关键词，按重要程度进行关键词排序并举例解读。

根据自己对重要信息捕捉、排序、表达、创新和划分权重能力进行自评，满分 100 分（见表 3-2-2）。

表 3-2-2　检修起动机不转故障知识测评表

序号	关键词	举例解读	评分自定
1			
2			
3			
4			
5			
总分			

二、能力测评

对表 3-2-3 所列作业内容，操作规范即得分，操作错误或未操作即零分。

表 3-2-3　检修起动机不转故障能力测评表

序号	作业内容	配分	得分
1	确认故障现象	20	
2	实施操作准备	20	
3	故障诊断维修	40	
4	故障排除验证	20	
总分		100	

三、素养测评

对表 3-2-4 所列素养点，做到即得分，未做到即零分。

表 3-2-4　检修起动机不转故障素养测评表

序号	素养点	配分	得分
1	安全作业，无安全隐患	20	
2	保护环境，无乱扔乱倒	20	
3	规范标准，无野蛮操作	20	
4	团队协作，无不洽关系	20	
5	遵守场地 5S	20	
总分		100	

四、拓展训练

（1）请结合实际案例分析汽车起动系统经常会发生故障的部位都有哪些（25 分）。

（2）现 2013 款大众速腾车辆起动机不转，车辆无法启动，维修人员初步判断是起动系统故障，试制定检修流程并进行检修（25 分）。

（3）请按图 3-2-8 所示思维导图格式，对检修起动机不转的学习收获进行总结，重点思考并列举至少三个导致汽车起动机不转的故障案例，梳理故障判断思路，并画出思维导图（50 分）。

技术到了最后就遇到了想象。

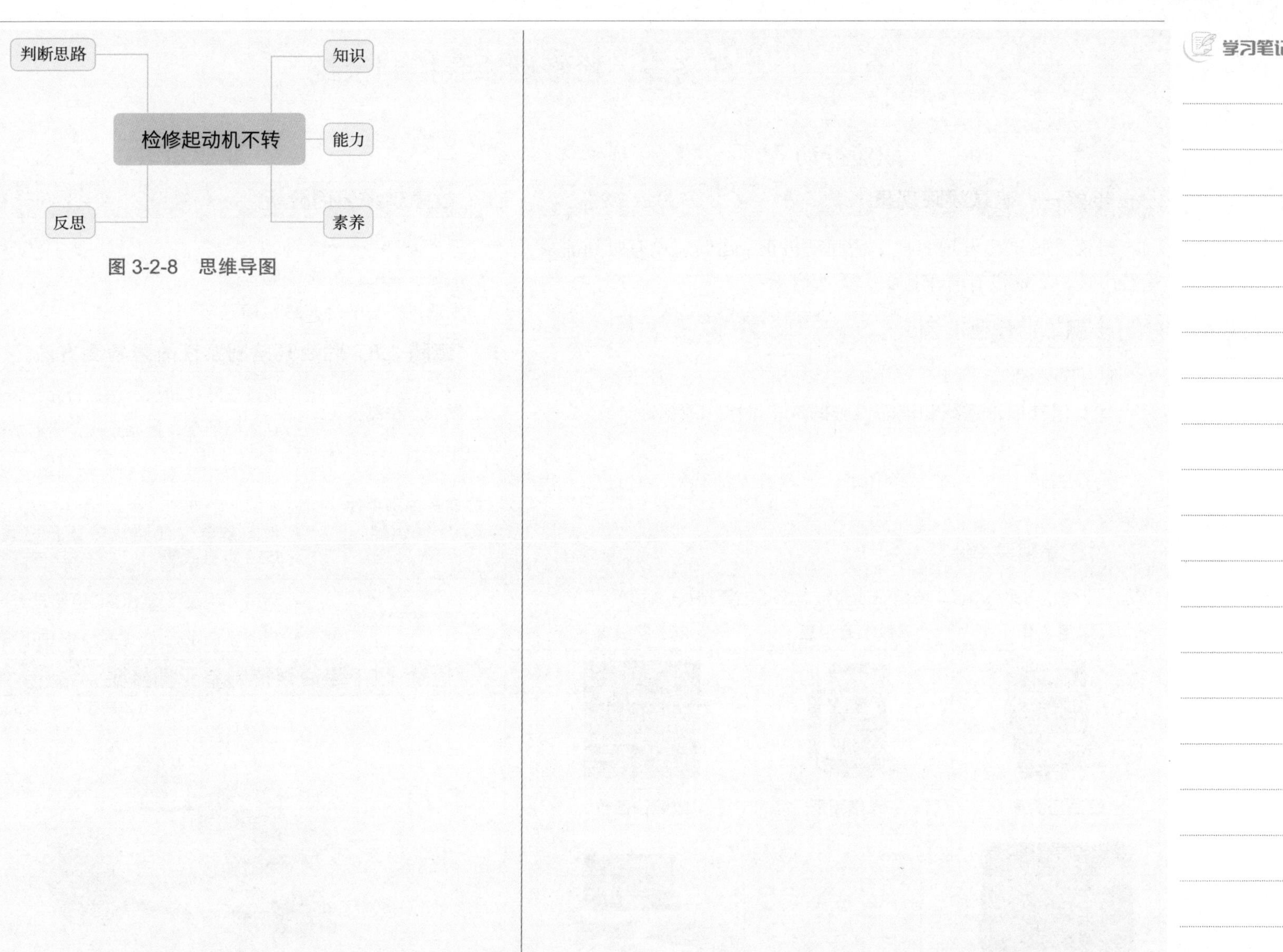

图 3-2-8　思维导图

学习笔记

任务三　检修燃油泵控制系统

职业行动

步骤一：确认故障现象

维修人员试车发现客户车辆起动机正常运转，没有听到油泵运转声音，车辆没有着车迹象，无法启动。

步骤二：作业准备

1. 作业场地

配有尾气抽排系统和消防设施的汽车维修作业场地。

2. 设备设施

大众迈腾 1.8T 汽车、举升工位、举升保护装置、垃圾桶、集油车等。

3. 工量辅具（见表 3-3-1）

表 3-3-1　检修燃油泵控制系统工量辅具

常用工具	数字万用表	208 接线盒
燃油压力表	维修手册	故障诊断仪

职业知识

故障现象原因分析

- 油泵控制单元故障。
- 油泵控制电路系统故障。
- 发动机控制单元 J623 故障

迈腾 1.8T 燃油泵控制系统故障检测方法

检测项目	检测方法
燃油泵检测	• 通过故障诊断仪利用执行元件驱动功能测试。 • 判断燃油泵及控制系统是否有故障
燃油泵控制单元 J538 检测	• 利用万用表对燃油泵控制单元端子引脚进行电压（或电阻）检测。 • 判断是电气线路故障还是燃油泵控制单元 J538 本身故障
SC36 熔丝检测	• 利用万用表检测 SC36 熔丝是否导通。 • 判断燃油泵控制单元 J538 供电线路是否正常

迈腾 1.8T 燃油泵控制单元插接器

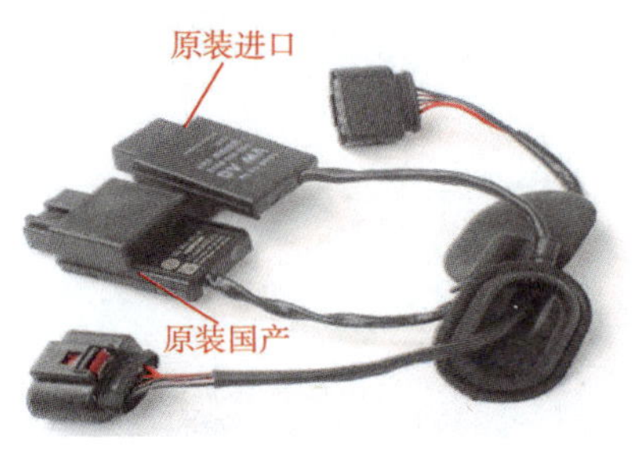

品质源于匠心。

4. 耗材

熔丝、线束、干净抹布、燃油泵等。

步骤三：油泵控制系统故障诊断与维修

1. 铺设汽车维修三件套，读取故障码

（1）铺设汽车维修三件套，如图 3-3-1 所示。

图 3-3-1　铺设汽车维修三件套

（2）利用故障诊断仪读取故障码，故障码显示：燃油压力过低。

（3）通过故障现象，结合故障码提示，初步判断是燃油泵控制系统故障。

2. 测试燃油泵

（1）打开点火开关，用故障诊断仪执行元件驱动功能来测试燃油泵运行。

（2）检测结果没有听到燃油泵运行声音，进一步确定燃油泵及其控制线路故障。

3. 根据维修手册，拆画汽车发动机油泵控制系统电路图

查询维修电路图，拆画汽车发动机燃油泵控制系统（J538）电路图。

4. 根据电路图，检测燃油泵控制单元 J538 控制线路

（1）测量燃油泵电动机两端电压，打开点火开关，用万用表测

迈腾 1.8T 燃油泵控制单元 J538 电路图

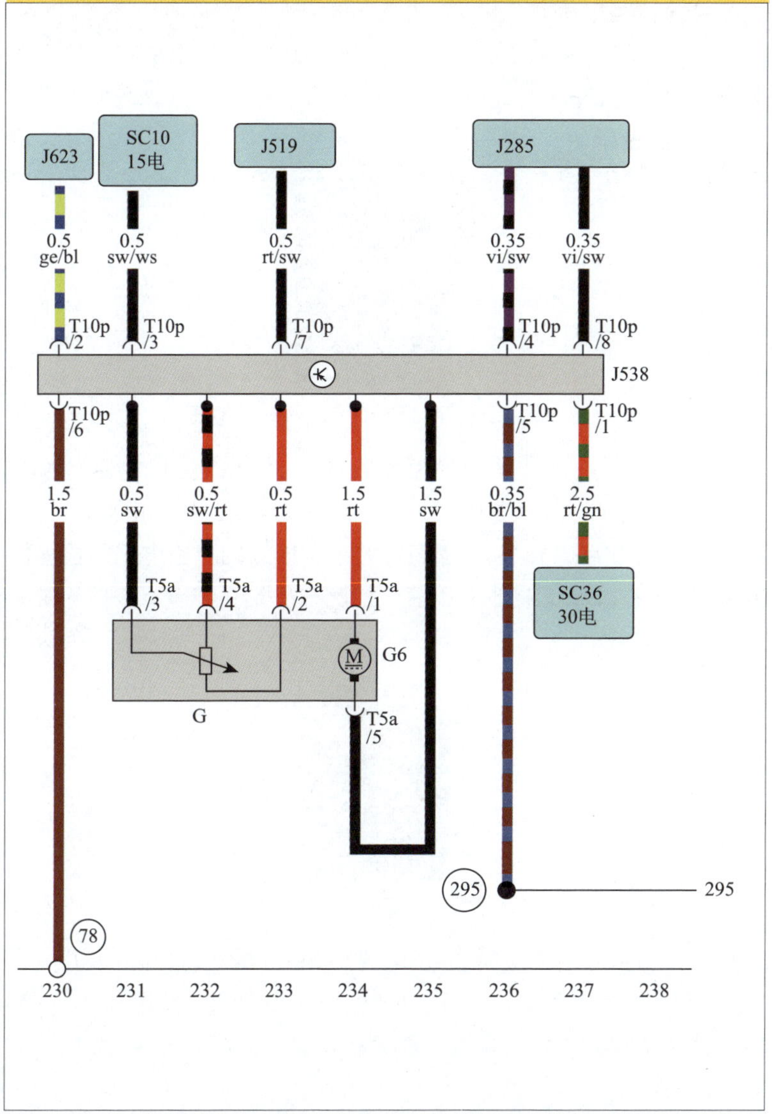

J623　SC10 15电　J519　J285

0.5 ge/bl　0.5 sw/ws　0.5 rt/sw　0.35 vi/sw　0.35 vi/sw

T10p /2　T10p /3　T10p /7　T10p /4　T10p /8

J538

T10p /6　T10p /5　T10p /1

1.5 br　0.5 sw　0.5 sw/rt　0.5 rt　1.5 rt　1.5 sw　0.35 br/bl　2.5 rt/gn

T5a /3　T5a /4　T5a /2　T5a /1

SC36 30电

M　G6

G

T5a /5

295　295

78

230　231　232　233　234　235　236　237　238

学习笔记

学习笔记

量燃油泵电动机 T5a/1 与 T5a/5 两端之间的电压差。测量结果为 0 V，数据异常。

（2）打开点火开关，用万用表测量 J538 的供电电路，检测供电端子 J538 T10p/3 对地电压值，检测结果为 13.34 V，数据正常，如图 3-3-2 所示。

图 3-3-2 检测 J538 T10P/3 对地电压

（3）打开点火开关，用万用表测量 J538 的搭铁电路，检测 J538 搭铁 T10p/6 对地电压值，检测结果为 0 V，数据正常。

（4）打开点火开关，用万用表测量 J538 的供电电路，检测供电端子 J538 T10p/1 对地电压值，检测结果为 0.45 V，数据异常，如图 3-3-3 所示。

图 3-3-3 检测 J538 T10P/1 对地电压

（5）利用万用表检测 30 供电线路 SC36 熔丝，打开点火开关，用万用表测量熔丝 SC36 两端对地电压，测量结果发现 SC36 一端电压值为 13.28 V，另一端电压值为 0 V，初步判断熔丝 SC36 烧坏。

迈腾 1.8T 燃油泵控制单元 J538 引脚功能	
T5a/1、T5a/5	T5a 中 T5a/1 与 T5a/5 连接燃油泵 G6
T5a/2、T5a/3、T5a/4	T5a/2、T5a/3、T5a/4 连接燃油表传感器 G
T10p/1	T10p 中 T10p/1 通过熔丝 SC36、SA6 与蓄电池正极 B+ 相连接，为 J538 提供供电电源
T10p/2	T10p/2 与发动机控制单元 J623 相连接，J623 为 J538 提供发动机转速信号
T10p/3	T10p/3 与端子 15 供电继电器（俗称 ON 挡继电器）J329 相连接，J329 为 J538 提供点火开关打开（即 ON 状态）信号
T10p/4、T10p/8	T10p/4 与 T10p/8 去组合仪表，与组合仪表的控制单元 J285 相连接，为 J285 提供燃油量信号
T10p/5、T10p/6	T10p/5 与 T10p/6 与接地线相连接
T10p/7	T10p/7 与车载电网控制单元 J519 相连接，J519 为 J538 提供左前车门开启信号
T10p/9、T10p/10	T10p/9、T10p/10 两引脚为空

迈腾 1.8T 燃油泵控制单元 J538 工作原理

- 当 J538 收到 J519 送来的左前车门开启信号或 J329 送来的点火开关打开信号（即 ON 状态）时，会驱使燃油泵转动几秒，实现预供油。
- 发动机起动瞬间或车辆正常行驶期间，当 J538 收到 J623 送来的发动机转速信号时，控制燃油泵正常运转

（6）将熔丝 SC36 从车上熔丝盒中取出，利用万用表蜂鸣挡对熔丝 SC36 进一步检测，发现确实熔断，更换 25 A 的新熔丝。

（7）对供电端子 J538 T10p/1 对地电压重新测量，电压值为电源电压，供电正常。

5. 着车试车

对迈腾 1.8T 车辆进行着车试车，起动机正常运转，但还是没有听到油泵运转声音，车辆没有着车迹象。

6. 对燃油泵控制单元 J538 本身进行检测

（1）利用故障诊断仪读取故障码，发现没有相关故障码。

（2）打开点火开关，用万用表测量燃油泵电动机 T5a/1 与 T5a/5 两端之间的电压差。测量结果还是显示 0 V，数据异常。

（3）打开点火开关，用万用表测量燃油泵电动机 T5a/1 与 T5a/5 分别对地电压值。测量结果显示两个端子对地电压均为蓄电池电压，数据异常。

（4）上述结果说明 J538 没有给油泵提供搭铁信号，初步判断是燃油泵控制单元 J538 本身故障。

（5）更换燃油泵控制单元 J538，如图 3-3-4 所示。

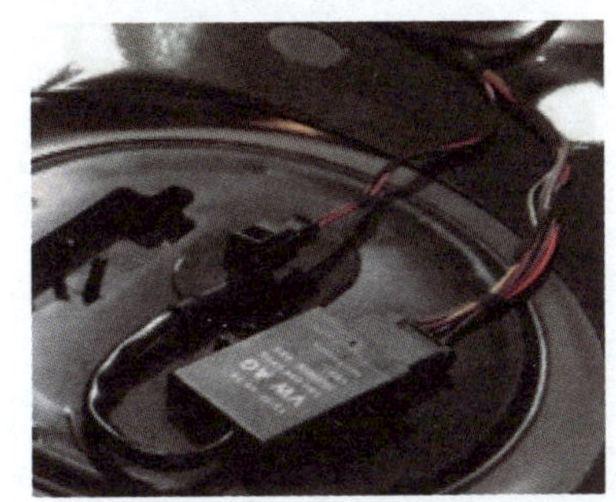

图 3-3-4　更换燃油泵控制单元 J538

熔丝检测方法

熔丝检测方法	
蜂鸣检测法	• 将校准好的万用表挡位调至蜂鸣挡，红黑表笔分别搭在熔丝两端。 • 如果出现蜂鸣声音，证明熔丝完好，否则损坏
电压检测法	• 将校准好的万用表挡位调至 20 V 直流电压挡，分别测量熔丝两端的电压值。 • 如果电压值一致，证明熔丝完好，否则损坏
电阻检测法	• 将校准好的万用表挡位调至 200 Ω 挡，红黑表笔分别搭在熔丝两端。 • 如果电阻值小于 1 Ω，证明熔丝完好；如果是无穷大，证明熔丝损坏

迈腾 1.8T 燃油泵控制单元 J538 检测方法

- 点火开关置于 ON，用故障诊断仪执行元件驱动功能来测试燃油泵运行状况，正常应能听到燃油泵运转的声音。
- 如果听不到运转声，说明燃油泵或其控制系统（J538 自身及其相关电路）出现故障。
- 测量燃油泵电动机两端电压。开启左前车门、点火开关 ON 及启动发动机三种情况下，用万用表测量燃油泵电动机两端电压，正常情况下均应为蓄电池电压。
- 燃油泵电动机两端如果没有电压，可能原因为 J538 自身或其相关电路存在故障。一般先检查 J538 的供电电源线路。
- 利用万用表对 J538 供电系统线路进行检测，正常应为蓄电池电压，否则有故障，进而对线路上熔丝及线路控制单元逐一检测。
- 利用万用表对 J538 搭铁电路以及 J538 本身进行检测

学习笔记

视频

3-5 涡轮式电动燃油泵工作原理

学习笔记

7. 再次着车试车

对迈腾 1.8T 车辆再次进行着车试车，起动机正常运转，油泵运转正常，燃油压力恢复正常，发动机能够正常启动，故障排除。

步骤四：车辆交付

将修复好的迈腾 1.8T 车辆交付给客户。

操作规范要求

- 穿着干净整洁的工作服。
- 穿工鞋、戴工帽。
- 实际操作时不可佩戴手表、戒指等金属饰品。
- 遵守场地安全规定，注意用电安全。
- 遵守 5S 操作要求，安全作业。
- 插拔故障诊断仪时一定要关闭点火开关。
- 正确使用万用表、故障诊断仪、示波器等工量具。
- 在检测传感器时，严禁用力拉扯线束，正确插拔插接器。
- 拆装燃油泵控制单元 J538 时要轻拿轻放，避免磕碰和损坏

学习笔记

任务测评

一、知识测评

确定本任务关键词，按重要程度进行关键词排序并举例解读。

根据自己对重要信息捕捉、排序、表达、创新和划分权重能力进行自评，满分 100 分（见表 3-3-2）。

表 3-3-2　检修燃油泵控制系统故障知识测评表

序号	关键词	举例解读	评分自定
1			
2			
3			
4			
5			
总分			

二、能力测评

对表 3-3-3 所列作业内容，操作规范即得分，操作错误或未操作即零分。

表 3-3-3　检修燃油泵控制系统故障能力测评表

序号	作业内容	配分	得分
1	确认故障现象	20	
2	实施操作准备	20	
3	故障诊断维修	40	
4	故障排除验证	20	
总分		100	

三、素养测评

对表 3-3-4 所列素养点，做到即得分，未做到即零分。

表 3-3-4　检修燃油泵控制系统故障素养测评表

序号	素养点	配分	得分
1	安全作业，无安全隐患	20	
2	保护环境，无乱扔乱倒	20	
3	规范标准，无野蛮操作	20	
4	团队协作，无不洽关系	20	
5	遵守场地 5S	20	
总分		100	

四、拓展训练

（1）请结合实际案例，分析汽车发动机燃油泵控制系统都会出现哪些故障点，会导致发动机发生什么故障现象（25 分）。

（2）现 2013 款大众速腾车辆燃油泵不泵油，无法着车。维修人员初步判断是燃油泵控制系统故障，试制定检修流程并进行检修（25 分）。

（3）今天 4S 店里来了一辆故障车，该车是从同行手里送过来的。很多业内维修师傅都不愿意接这个活。李琳不明白便去问师傅："为什么其他师傅不愿意修这辆车呢？"师傅向他道出了其中的缘由。李琳听后没有打退堂鼓，反倒坚定地跟师傅说："越是这样的车辆，越是有挑战性，如果公司允许的话能让我试一试吗？"师傅看李琳上进心很强，便答应让他试试。李琳利用非工作时间独自在维修车间利用自己所学，翻阅大量的维修资料，根据自己的故障判断思路一点一点地排查故障。经过四天的刻苦钻研和不懈努力，李琳终于独自修好了这辆故障车。故障原因是燃

学习笔记

油泵控制系统出问题导致车辆无法启动。师傅听闻自己的爱徒独自修好了一辆疑难杂症车辆，心里甚是欣慰，夸奖李琳具有大国工匠精神。

请按图 3-3-5 所示思维导图格式，对检修燃油泵控制系统的学习收获进行总结，并收集至少两个具有疑难杂症的故障车辆案例。并结合本任务试着对其中一个案例进行故障判断分析，并在此过程中体会“匠心”精神（50 分）。

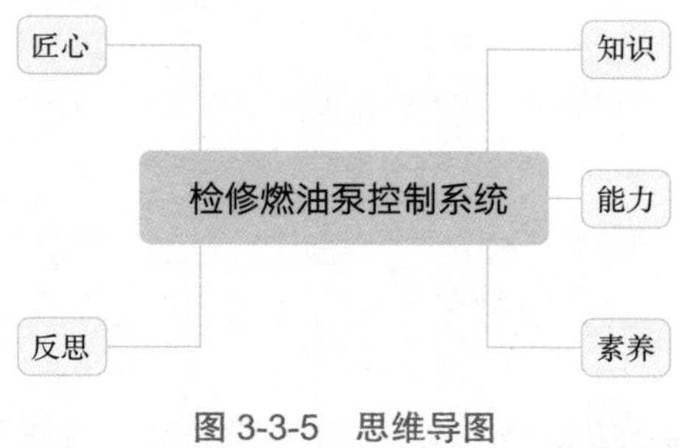

图 3-3-5　思维导图

品质源于匠心。

任务四　检修点火系统失效

职业行动

步骤一：确认故障现象

维修人员对大众迈腾 1.8T 汽车试车发现客户车辆起动机运转正常，车辆无法启动。

步骤二：作业准备

1. 作业场地

配有尾气抽排系统和消防设施的汽车维修作业场地。

2. 设备设施

大众迈腾 1.8T 汽车、举升机、启动充电机、汽车维修三件套、垃圾桶等。

3. 工量辅具（见表 3-4-1）

表 3-4-1　检修点火系统失效工量辅具

常用工具	数字万用表	火花塞专用套筒
博世 FSA740	X431 故障诊断仪	尾气分析仪

职业知识

尾气分析仪

实物图片	操作方法
	• 将尾气分析仪接通电源预热 10 min。 • 根据尾气分析仪使用说明，按要求对尾气分析仪进行标准气体校准。 • 将尾气分析仪取样探头插入排气管 40 cm 深并固定。 • 将车辆插好尾气抽排装置。 • 启动发动机，检测尾气排放。 • 根据尾气检查的方式不同，可分为怠速测量法和双怠速测量法，常选择怠速测量法

怠速测量法检测汽车尾气的方法

- 发动机由怠速加速至 70%额定转速，维持 60 s 后降至怠速。
- 尾气分析仪取样探头插入排气管 40 cm 深并固定。
- 发动机维持怠速 15 s 后，尾气分析仪开始读数，读取 30 s 内的最高值和最低值，取平均数为测量结果。
- 多排气管时取各排气管的平均测量结果

4. 耗材

熔丝、线束、干净抹布、火花塞、独立点火线圈等。

步骤三：点火系统失效故障诊断与维修

1. 铺设汽车维修三件套，利用故障诊断仪读取故障码

（1）铺设汽车维修三件套，读取发动机控制单元故障码，如图 3-4-1、图 3-4-2 所示。

图 3-4-1　铺设汽车维修三件套

图 3-4-2　读取故障码

（2）发动机故障诊断仪没有报故障码。

（3）在无故障码的情况下，根据故障现象分析可能气缸内没有混合气燃烧。

2. 检测分析汽车尾气

（1）将尾气分析仪接通电源预热 10 min。

（2）根据尾气分析仪使用说明，按要求对尾气分析仪进行标准气体校准。

（3）将尾气分析仪取样探头插入排气管 40 cm 深并固定，同时插好尾气排放收集装置。

（4）启动发动机过程中，检测尾气排放，如图 3-4-3 所示。

汽车尾气	
实物图片	
组成	汽车尾气包含上百种不同的化合物，其中污染物有：固体悬浮微粒、一氧化碳、二氧化碳、碳氢化合物、氮氧化合物、铅及硫氧化合物等
危害	• 直接危害人体健康。 • 对人类生活的环境产生深远影响，尾气中的二氧化硫具有强烈的刺激气味，达到一定浓度时容易导致“酸雨”的发生，造成土壤和水源酸化，影响农作物和森林的生长
净化措施	• 采用无铅汽油。 • 改善喷油系统。 • 用三元催化器净化。 • 增设曲轴箱通气系统。 • 行政管理，淘汰旧车、报废车

汽修比来比去，其实比的就是思路，思路广，正确地找到故障点就不难了。

图 3-4-3 尾气分析仪检测尾气排放

（5）通过对尾气 HC、CO、CO_2 检测结果分析，HC 含量很少，CO、CO_2 含量为零，通过数据判断，喷油器没有持续喷油。

3. 检测发动机喷油系统

（1）启动发动机过程中，利用故障诊断仪读取发动机油轨压力，测量值：数值显示 40 bar 左右，燃油系统压力正常。

（2）启动发动机时，利用示波器功能读取喷油器的喷油波形，波形只能显示 1 ～ 3 个周期脉冲信号，说明喷油器不能持续喷油，但是喷油波形正常，如图 3-4-4 所示。

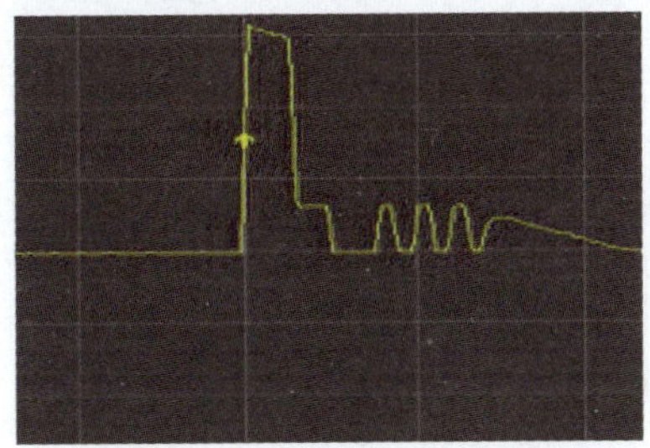

图 3-4-4 喷油器喷油波形图

（3）根据喷油器不能持续喷油，初步判断发动机控制单元切断燃油喷射控制。

（4）根据故障现象，对发动机点火系统失效进行检测。

迈腾 1.8T 发动机独立点火线圈端子含义	
1 号端子	点火控制模块搭铁端
2 号端子	点火线圈搭铁端
3 号端子	点火线圈一次绕组工作电压
4 号端子	ECU 输出给点火控制器控制各缸点火线圈一次绕组电路通断的控制信号

迈腾 1.8T 发动机喷油系统故障分析

- 燃油压力故障。
- 喷油器本身故障。
- 喷油器供电控制线路故障。
- 发动机控制单元 J623 故障。
- 燃油压力传感器故障。
- 燃油压力调节阀故障。
- 高压油泵故障

迈腾 1.8T 发动机点火系统故障分析

- 火花塞故障。
- 点火线圈本身故障。
- 点火线圈供电线路故障。
- 点火线圈搭铁故障。
- 供电主继电器及熔丝故障。
- 发动机控制单元 J623 本身故障。
- 发动机控制单元 J623 控制线路故障

学习笔记

学习笔记

4. 检测发动机点火系统

（1）根据维修手册拆画点火系统电路图。

（2）打开点火开关，将万用表调至直流 20 V 挡，结合电路图，利用万用表对点火线圈 3 号端子公共供电线路进行检测，如图 3-4-5 所示，检测结果显示电压值为 0 V，数据异常。

图 3-4-5　检测点火线圈公共供电线路

（3）打开点火开关，将万用表调至直流 20 V 挡，测量点火线圈主供电线路上的熔丝 SB10，测量结果显示熔丝 SB10 上端电压为 12.38 V，下端电压为 0 V，数据异常，如图 3-4-6 所示。

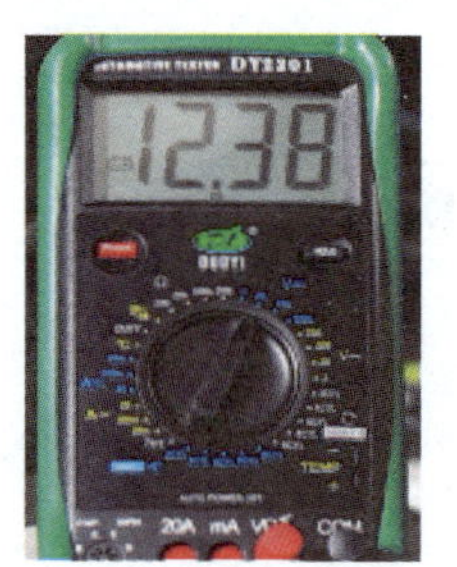

图 3-4-6　检测熔丝 SB10 两端电压值

（4）初步判断熔丝 SB10 损坏，取下熔丝 SB10。

（5）利用万用表蜂鸣挡测试熔丝 SB10 导通性，测试结果表明熔丝 SB10 断路，烧坏。

迈腾 1.8T 发动机独立点火系统电路图

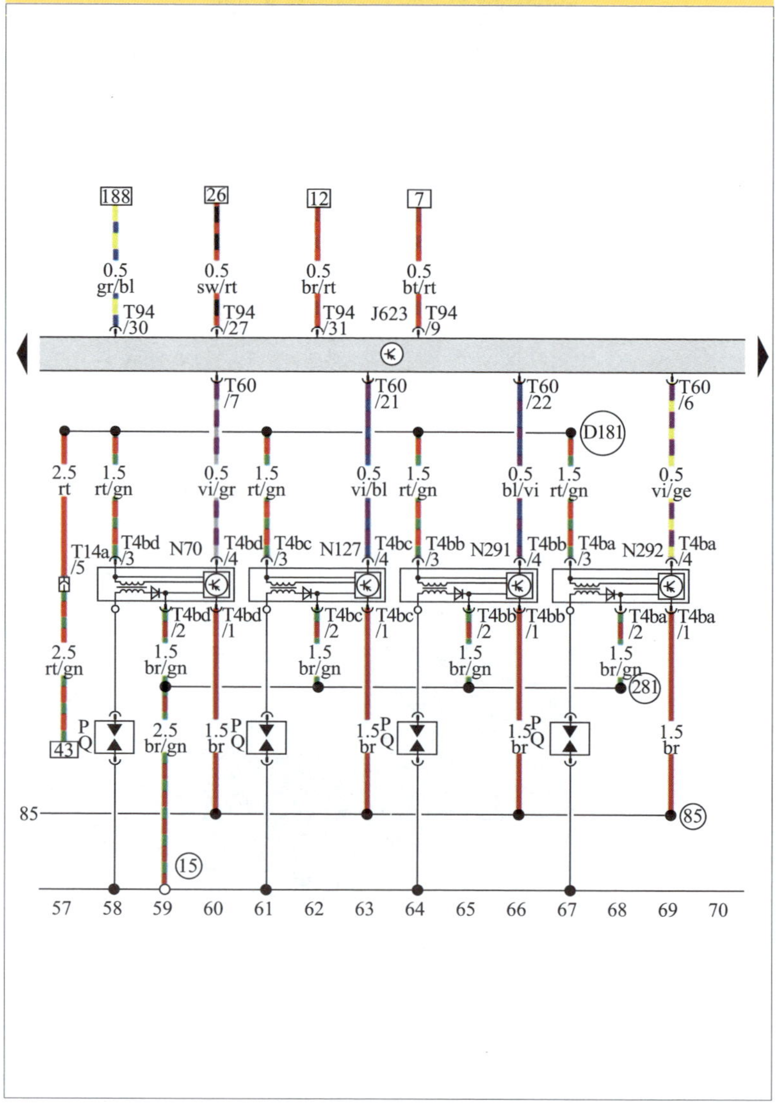

汽修比来比去，其实比的就是思路，思路广，正确地找到故障点就不难了。

（6）更换熔丝 SB10。

（7）关闭点火开关，将万用表调至欧姆挡，利用万用表对点火线圈 1 号端子公共搭铁进行检测。测量结果为 0.4 Ω，该线路正常。

5. 着车试车

重新启动发动机，着车试车，发动机正常启动，故障排除完毕。

步骤四：车辆交付

将修复好的迈腾 1.8T 车辆交付给客户。

操作规范要求

- 穿着干净整洁的工作服。
- 穿工鞋、戴工帽。
- 实际操作时不可佩戴手表、戒指等金属饰品。
- 遵守场地安全规定，注意用电安全。
- 遵守 5S 操作要求，安全作业。
- 插拔故障诊断仪时一定要关闭点火开关。
- 正确使用灭火器等消防器材。
- 在检测独立点火线圈时，严禁用力拉扯线束，正确插拔插接器。
- 拆卸独立点火线圈时要轻拿轻放，避免磕碰和损坏

学习笔记

学习笔记

任务测评

一、知识测评

确定本任务关键词，按重要程度进行关键词排序并举例解读。

根据自己对重要信息捕捉、排序、表达、创新和划分权重能力进行自评，满分 100 分（见表 3-4-2）。

表 3-4-2 检修点火系统失效故障知识测评表

序号	关键词	举例解读	评分自定
1			
2			
3			
4			
5			
总分			

二、能力测评

对表 3-4-3 所列作业内容，操作规范即得分，操作错误或未操作即零分。

表 3-4-3 检修点火系统失效故障能力测评表

序号	作业内容	配分	得分
1	确认故障现象	20	
2	实施操作准备	20	
3	故障诊断维修	40	
4	故障排除验证	20	
总分		100	

三、素养测评

对表 3-4-4 所列素养点，做到即得分，未做到即零分。

表 3-4-4 检修点火系统失效故障素养测评表

序号	素养点	配分	得分
1	安全作业，无安全隐患	20	
2	保护环境，无乱扔乱倒	20	
3	规范标准，无野蛮操作	20	
4	团队协作，无不洽关系	20	
5	遵守场地 5S	20	
总分		100	

四、拓展训练

（1）请结合实际案例，分析讨论汽车点火系统的点火线圈是如何改进发展的（25 分）。

（2）现 2013 款大众速腾车辆无法启动，起动机正常运转。维修人员初步判断是点火系统失效故障引起的，试制定检修流程并进行检修（25 分）。

（3）请按图 3-4-7 所示思维导图格式，对检修点火系统失效的学习收获进行总结，并收集至少三个汽车点火系统故障案例，结合故障案例分析，你认为作为一名优秀汽修人员最重要的职业品质是什么？选取一个词汇填到思维导图的空格中，并举例说明（50 分）。

汽修比来比去，其实比的就是思路，思路广，正确地找到故障点就不难了。

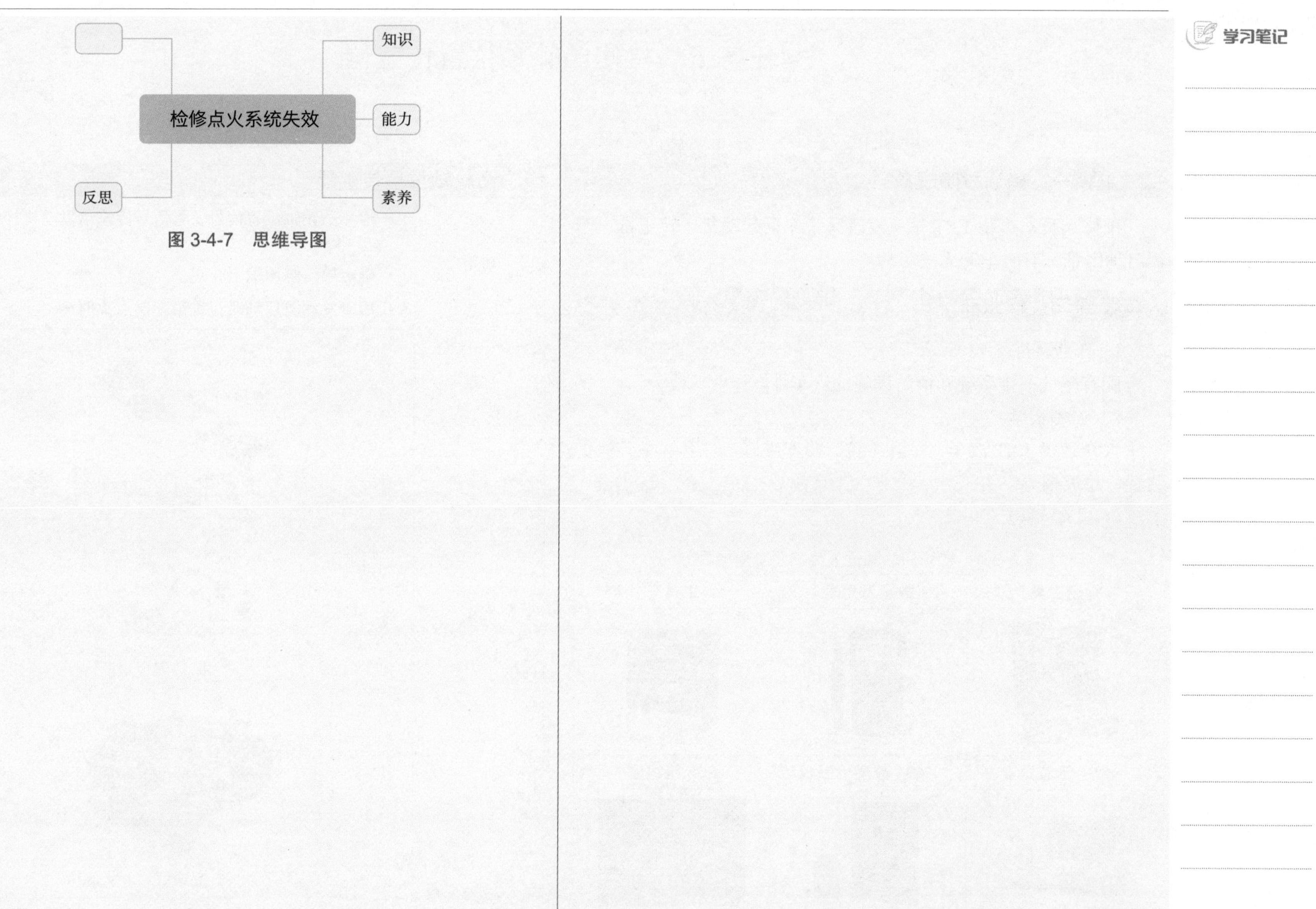

图 3-4-7　思维导图

学习笔记

汽修比来比去，其实比的就是思路，思路广，正确地找到故障点就不难了。

学习笔记

任务五　检修凸轮轴位置传感器

职业能力

步骤一：确认故障现象

维修人员对迈腾 1.8T 试车发现客户车辆起动机运转正常，车辆启动困难，有时车辆无法启动。

步骤二：作业准备

1. 作业场地

配有尾气抽排系统和消防设施的汽车维修作业场地。

2. 设备设施

大众迈腾 1.8T 汽车、举升工位、汽车维修三件套、举升保护装置、垃圾桶等。

3. 工量辅具（见表 3-5-1）

表 3-5-1　检修凸轮轴位置传感器工量辅具

常用工具	数字万用表	工具车
数字示波器	X431 故障诊断仪	208 接线盒

职业知识

凸轮轴位置传感器

功用	• 检测凸轮轴位置信号，将信号传输给发动机控制单元 ECU。 • 确定第一缸压缩上止点。 • 用于发动机启动时识别第一次点火时刻
分类	电磁式 霍尔式 光电式

一技在手，精益求精。

4. 耗材

熔丝、线束、干净抹布、凸轮轴位置传感器等。

步骤三：凸轮轴位置传感器故障诊断与维修

1. 铺设汽车维修三件套，利用故障诊断仪读故障码

（1）铺设汽车维修三件套，利用故障诊断仪读取发动机控制单元故障码，如图 3-5-1、图 3-5-2 所示。

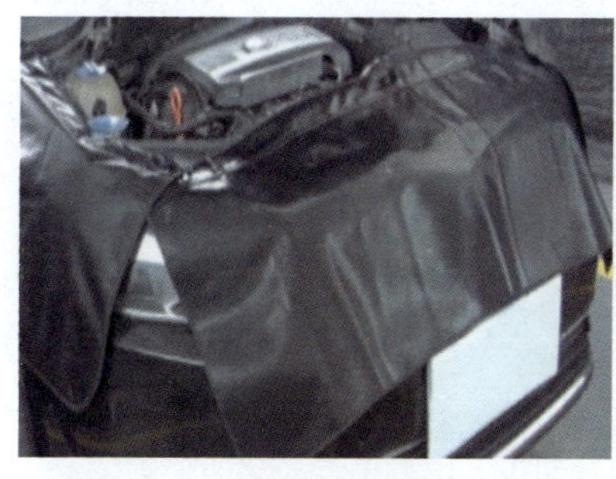

图 3-5-1　铺设汽车维修三件套

图 3-5-2　读取发动机控制单元故障码

（2）故障诊断仪报故障码：凸轮轴位置传感器信号不可靠。

2. 根据发动机维修手册，拆画凸轮轴位置传感器 G40 电路图

根据维修手册，拆画凸轮轴位置传感器 G40 电路图，并根据电路图进行故障排查。

3. 检测凸轮轴位置传感器 G40

（1）根据维修手册，找到故障车辆凸轮轴位置传感器安装位置，如图 3-5-3 所示。

迈腾 1.8T 发动机凸轮轴位置传感器 G40	
安装位置	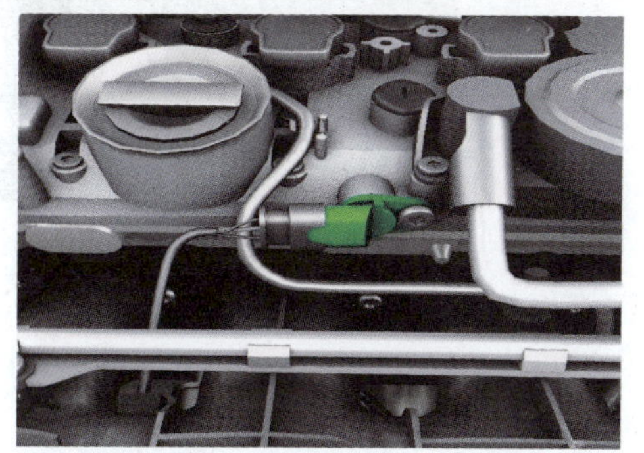 绿色元件为凸轮轴位置传感器
电路图	

学习笔记

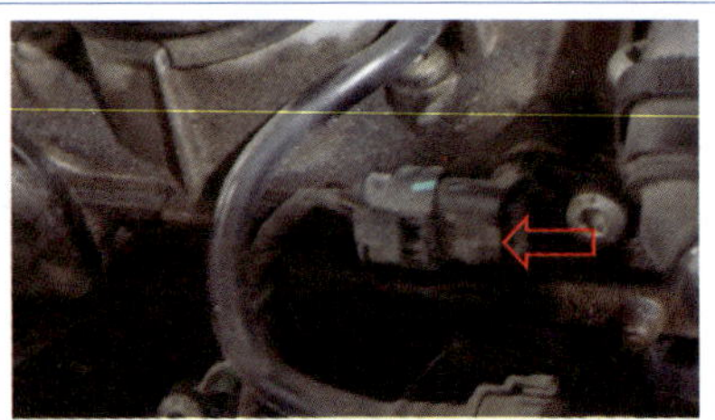

图 3-5-3　凸轮轴位置传感器安装位置

（2）根据维修电路图，准备万用表和探针，打开点火开关，检测凸轮轴位置传感器 G40 1 号端子供电电压，检测结果为 5.10 V，数据正常，如图 3-5-4 所示。

图 3-5-4　检测凸轮轴位置传感器 G40 1 号端子供电电压

（3）根据维修电路图，关闭点火开关，拔下凸轮轴位置传感器插头，用万用表检测凸轮轴位置传感器插头 3 号端子与搭铁之间的电阻，检测结果为 0.4 Ω，数据正常，如图 3-5-5 所示。

图 3-5-5　检测凸轮轴位置传感器插头 3 号端子与搭铁之间的电阻

迈腾 1.8T 发动机凸轮轴位置传感器检测方法	
读取数据流法	• 首先对凸轮轴位置传感器外观线束插头进行检查，检查有无破损现象。 • 利用故障诊断仪读取数据流，了解数据参数信息，辅助维修人员诊断维修
万用表检测法	• 首先对凸轮轴位置传感器外观线束插头进行检查，检查有无破损现象。 • 检测凸轮轴位置电源电压：关闭点火开关，拔下凸轮轴位置传感器插头，将点火开关置于 ON 位置。将万用表旋转开关置于直流电压挡，检测传感器插头 1 号端子与搭铁之间的电压，电压值应为 5 V 左右。 • 检测凸轮轴位置传感器搭铁：关闭点火开关，拔下凸轮轴位置传感器插头，用万用表检测凸轮轴位置传感器插头 3 号端子与搭铁之间的电阻，电阻值应小于 1 Ω。 • 检测凸轮轴位置传感器信号：准备好校准的万用表，启动发动机，用万用表检测凸轮轴位置传感器信号电压，正常信号值在 0 V 至 5 V 之间变化。 • 检测凸轮轴位置传感器线路电阻：关闭点火开关，断开凸轮轴位置传感器连接器，检测传感器插头端与发动机 ECU 对应端子的电阻，正常电阻值应小于 1 Ω
示波器读波形法	• 利用示波器检测凸轮轴位置传感器的输出工作波形。 • 电磁式凸轮轴位置传感器输出正弦模拟信号。 • 光电式、霍尔式凸轮轴位置传感器输出数字方波信号。 • 特点：从凸轮轴位置传感器波形图中可以看出，凸轮轴位置传感器的信号频率随着转速的升高而升高，但是电压值不会发生变化

（4）根据维修电路图，启动发动机，利用万用表检测凸轮轴位置传感器的信号电压，电压值没有在 0 V 至 5 V 之间变化，电压值为 0 V。

（5）利用万用表检测凸轮轴位置传感器 G40 2 号端子与发动机控制单元 J623 之间连接的线束导通性，检测结果电阻值为 0.29 Ω，如图 3-5-6 所示，判断 2 号信号线线路正常导通。

图 3-5-6　检测 G40 2 号端子与发动机控制单元 J623 之间连接的线束导通性

（6）初步判断是凸轮轴位置传感器损坏，按照维修手册要求更换凸轮轴位置传感器，重新读取故障码，故障码不再重现。

4. 着车试车

（1）对迈腾 1.8T 车辆，重新启动发动机，着车试车。

（2）发动机正常启动，重新利用示波器读取凸轮轴位置传感器怠速工作信号波形，读取波形显示为方波，波形正常，如图 3-5-7 所示，故障排除。

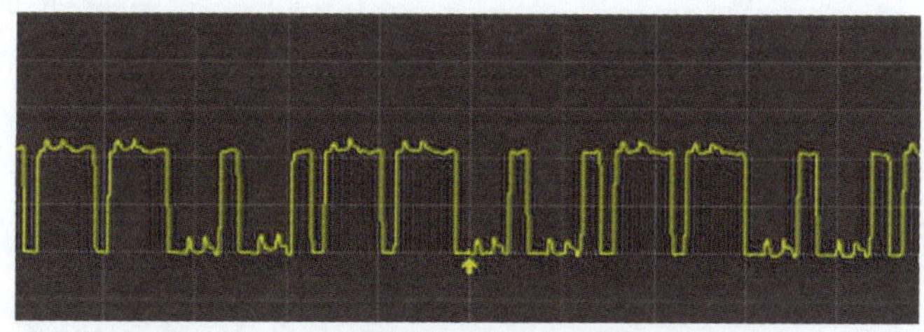

图 3-5-7　凸轮轴位置传感器工作信号波形

发动机电控系统组成

发动机电控系统由传感器、ECU（电控单元）、执行器三部分组成，形成一个闭环控制系统

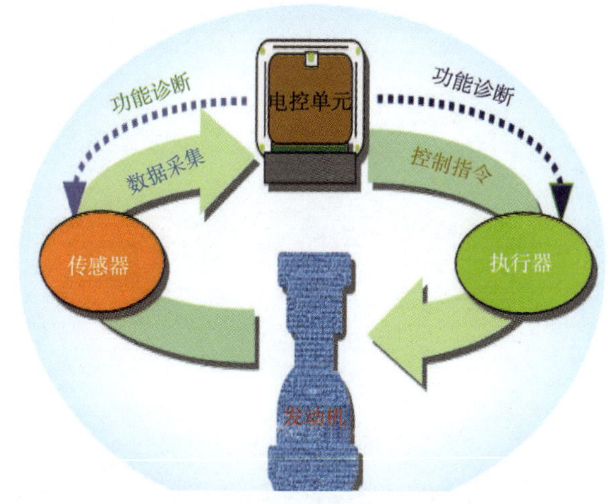

发动机电控系统各部分功用

传感器	采集电控系统所需的各种信息，并将信息转换成电信号通过线路输送给电控单元（ECU）
执行器	接受 ECU 控制并执行某种控制功能的装置。随着控制功能的增加，执行元件数量也将相应增加
电控单元（ECU）	它是给各传感器提供基准电压，接收传感器输入的电信号，并对信号进行存储、运算和处理，根据计算和分析的结果向执行元件发出相关指令

学习笔记

 学习笔记

 视频

3-6 凸轮轴位置传感器检测

视频

3-7霍尔式凸轮轴位置传感器工作原理

步骤四：车辆交付

将修复好的迈腾 1.8T 车辆交付给客户。

操作规范要求

- 穿着干净整洁的工作服。
- 穿工鞋、戴工帽。
- 实际操作时不可佩戴手表、戒指等金属饰品。
- 遵守场地安全规定，注意用电安全。
- 遵守 5S 操作要求，安全作业。
- 插拔故障诊断仪时一定要关闭点火开关。
- 在检测凸轮轴位置传感器时，严禁用力拉扯线束，正确插拔插接器

学习笔记

任务测评

一、知识测评

确定本任务关键词，按重要程度进行关键词排序并举例解读。

根据自己对重要信息捕捉、排序、表达、创新和划分权重能力进行自评，满分 100 分（见表 3-5-2）。

表 3-5-2　检修凸轮轴位置传感器故障知识测评表

序号	关键词	举例解读	评分自定
1			
2			
3			
4			
5			
总分			

二、能力测评

对表 3-5-3 所列作业内容，操作规范即得分，操作错误或未操作即零分。

表 3-5-3　检修凸轮轴位置传感器故障能力测评表

序号	作业内容	配分	得分
1	确认故障现象	20	
2	实施操作准备	20	
3	故障诊断维修	40	
4	故障排除验证	20	
总分		100	

三、素养测评

对表 3-5-4 所列素养点，做到即得分，未做到即零分。

表 3-5-4　检修凸轮轴位置传感器故障素养测评表

序号	素养点	配分	得分
1	安全作业，无安全隐患	20	
2	保护环境，无乱扔乱倒	20	
3	规范标准，无野蛮操作	20	
4	团队协作，无不洽关系	20	
5	遵守场地 5S	20	
总分		100	

四、拓展训练

（1）请结合实际案例分析，汽车发动机电控系统传感器都包含哪些，具体都有什么功用（25 分）？

（2）现 2013 款大众速腾车辆存在车辆启动困难，有时无法启动。维修人员初步判断是凸轮轴位置传感器故障，试制定检修流程并进行检修（25 分）。

（3）李琳在汽车 4S 店工作一年来，养成了刻苦钻研、善于思考、求新思变、精益求精的工作态度，只要有故障车进店，他都全程跟在师傅身边，仔细体会师傅的故障判断思路、检查和维修过程，每天下班，都会花时间将故障判断复盘整理成案例反复研读，进步速度远超同期工作的其他人。

请按图 3-5-8 所示思维导图格式，对检修凸轮轴位置传感器的学习收获进行总结，同时搜集至少两个发动机无法启动故障案例进行研读后复盘分析，将分析过程用思维导图表达出来（50 分）。

学习笔记

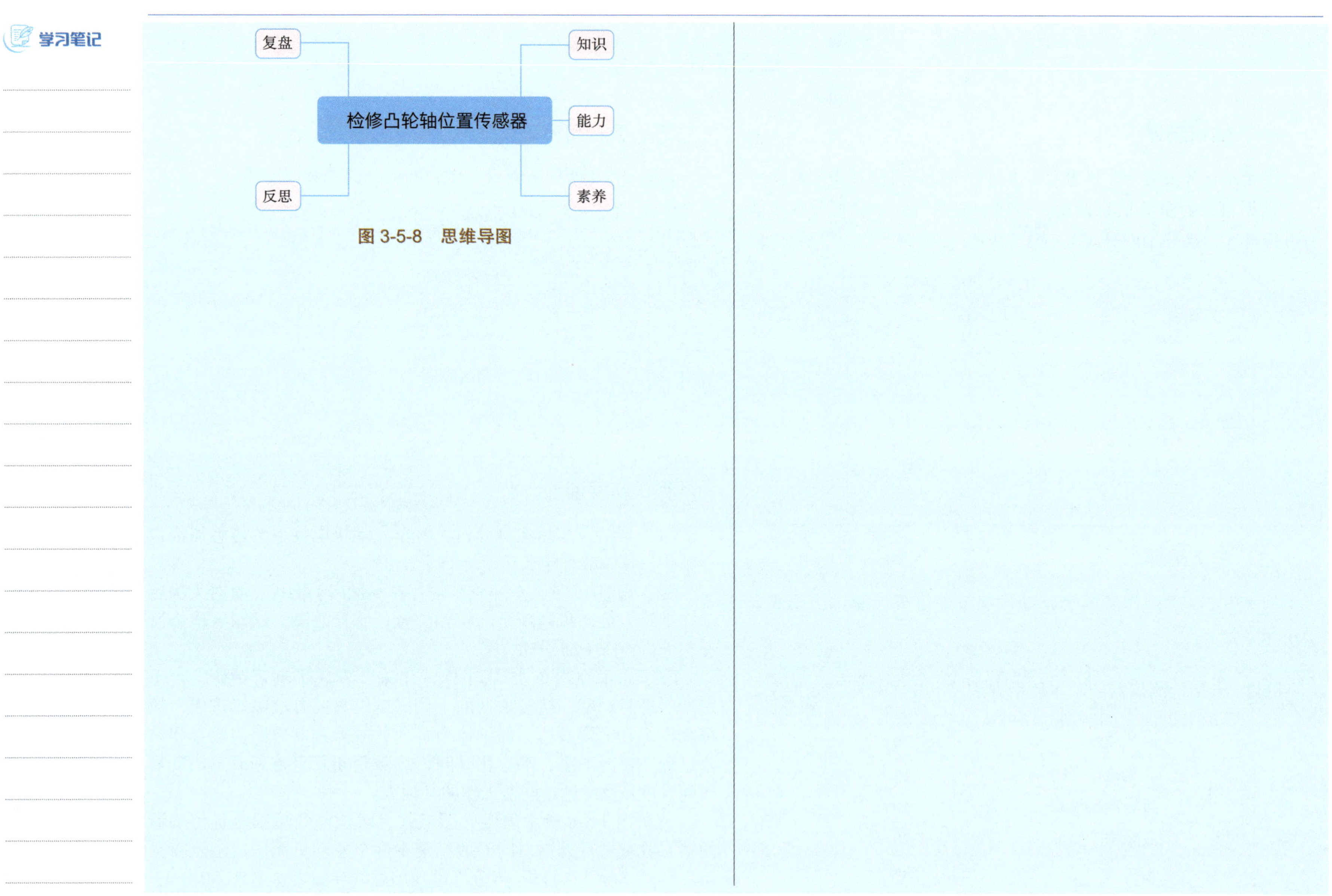

图 3-5-8　思维导图

一技在手，精益求精。

学习笔记

学习考评

一、考评项目

请根据本项目所学对上汽大众帕萨特 1.8T B5 发动机无法启动故障进行诊断与维修，并完成考评报告。

二、实施准备

1. 学生准备工作与要求

学生按照教学进度计划，已经完成以下所有任务并达到 75 分以上时，可进行相应学习考评的实施。

（1）理解并掌握完成学习考评需要的相关理论、知识和方法，并能应用知识进行相关故障诊断分析。

（2）按时、按质量要求完成相应任务作业，得分大于 75 分。

（3）按规定独立完成对发动机系统、元器件以及控制电路的诊断和检修工作，具备相应的技能水平，得分大于 75 分。

（4）具有自觉遵守技术标准和要求规定、规范操作、安全、环保、“5S”作业、团结协作的好习惯，得分大于 80 分。

（5）能制订汽车发动机无法启动故障诊断与维修工作计划。

2. 教师准备工作与要求

（1）在安排学生实施学习考评前，应确保学生已经学会了汽车工量具、专用检测仪器的基本使用方法，并做过相关实操训练。

（2）通过学生课堂问题研讨、作业、实操及其他方式，确认学生已经具备实施学习考评所需要的知识、技能和能力基础，特别是安全用电、元器件识别、故障检测等方面的知识要点。

（3）对协助教师进行测评的学生进行测评、监督方法的培训，确保测评结果的准确性、公平性。

（4）准备好测评记录。

三、验证方法与标准

（1）每位测评人员负责对四名学生进行定点、全过程的监控和测评。

（2）详细记录学生在实施学习考评过程中的相关信息、数据、结果、操作方法、完成时间，以及出现错误、事故等情况。

（3）每个学习考评的故障确认、准备工作、故障诊断维修、排除故障等操作要求在 90 min 内完成。时间不够可申请延长时间，总时间最长不超过 120 min。

（4）考评内容及评分标准见下表。

考评内容及评分标准

序号	评分项	得分条件	评分标准	配分	扣分
1	安全 /5S/态度	□ 1. 能进行工位 5S 操作。 □ 2. 能进行设备和工具安全检查。 □ 3. 能进行车辆安全防护操作。 □ 4. 能进行工具清洁、校准、存放操作。 □ 5. 能进行三不落地操作	未完成 1 项扣 3 分，扣分不得超 15 分	15	
2	专业技能能力	□ 1. 能正确确定故障现象。 □ 2. 能根据正确诊断方法进行故障诊断。 □ 3. 能按照正确的故障维修思路和步骤进行故障检修。 □ 4. 能正确检测相关数据，并做好记录。 □ 5. 能够熟练操作工量具及检测仪器	未完成 1 项扣 10 分，扣分不得超 50 分	50	

学习笔记

续表

序号	评分项	得分条件	评分标准	配分	扣分
3	工具及设备的使用能力	□1. 能正确选用维修工具。 □2. 能正确使用故障诊断仪。 □3. 能正确使用测量工具。 □4. 能正确使用专用工具	未完成1项扣5分，扣分不得超10分	10	
4	资料、信息查询能力	□1. 能正确使用维修手册查询资料。 □2. 能正确使用用户手册查询资料。 □3. 能在规定时间内查询所需资料。 □4. 能正确记录查询资料章节页码。 □5. 能正确记录所需维修信息	未完成1项扣2分，扣分不得超10分	10	
5	数据、判读和分析能力	□能判断发动机相关部件是否需要维修或更换	未完成1项扣10分，扣分不得超10分	10	
6	表单填写与报告的撰写能力	□1. 字迹清晰。 □2. 语句通顺。 □3. 无错别字。 □4. 无涂改。 □5. 无抄袭	未完成1项扣1分，扣分不得超5分	5	
合计				100	

四、考评报告

说明：考评分为理论考评和实操考评，理论考评根据项目要求以及考评模板格式制定项目实施方案，方案经教师审核合格后，方可进行实操考核。考评报告模板详见附录A。

学习笔记

拓展阅读——一辆奔驰车的新生

一位业内有名的机修大工刘亮讲过这样一个故事，充分体现了汽车维修中思维模型的重要性。

一辆 1999 年产的奔驰 560SEL 自动变速器轿车，该车在某机修厂已停放 1 年 7 个月之久。故障现象是启动后，坐在驾驶员座椅上，由于震动下半身感觉发麻。车已经过多人多次彻底检查、维修。直接材料费 12.7 万元。这其中该车曾经送到一家名声显赫的专修厂 3 个月，结论是：车子太老，无法修复。

刘亮接手后，明白专修厂结论的潜台词是该车为综合性、系统性原因引起的故障，与现存价值相比维修成本太高，不值得维修。到底值不值得修呢？刘亮做了两件事，得出了初步判断——可以修。

（1）通过查阅、整理、分析能够得到的所有维修文件，掌握了所有更换过的元件及维修工艺过程的来龙去脉，并进一步与驾驶员交谈确定，每次修理后都有好转。

（2）经过长时间、多次、多人检修，“该修的都修了，该换的都换了”。那么有形的机构存在问题的可能性应该很小，而无形的动能传递过程存在问题的可能性很大。

根据以上判断，刘亮对该车总成件的动力传递过程及相关元器件进行了系统分析，并在脑子里建立三维动态传递模型，并利用现有条件做了一个实验。结论是：发动机减震胶块有问题。此车已换过四套减震胶块，由于坚信实验的准确性，坚持更换了新的原厂减震胶块，故障排除。

不讲这其中的艰辛与道理，但这里强调的是，对系统的综合分析与动能传递模型创建，寻找传递路径、元件工作状态，最终找到问题的症结。这个过程充满了逻辑思维与形象思维的光辉。逻辑思维就是思路，形象思维就是动能传递过程在头脑中的形象展现，最后解决问题，具体判断过程如下：

（1）奔驰 560SEL 寿命至少在 100 万 km 以上，更何况该车发动机主要运动件都已经更换过，二次加工后的发动机在某些性能方面会有所提高。专修厂之所以认为不能修，一是他们认为维修成本高；二是维修时间长；三是挣不到钱；四是修理厂一般不愿意接同行送修的车。几方面的原因促使他们做出不能修的结论。经过分析，刘亮得出的结论是：能修。

（2）通过对所有维修文件的整理、分析以及对维修过程的走访，目的是想初步确定故障的来龙去脉，故障的变化趋势。这样做的结论是：每次维修后故障现象都有所好转。这就说明一个问题，发动机的工作质量与故障现象有联系，但联系不紧密，从而证明发动机的工作质量不是影响故障的根本原因。

（3）对发动机工作过程包括动能传递过程做了详细分析。这样做的结果是基本确定故障区域和原因。

（4）首先想到将发动机从车上取下来，做一次台架试验，但实际条件不允许，为了能够达到构想的试验目的，采用了一种巧妙的办法，使发动机与车体的接触相对弱化。试验证明，减震胶块有问题。实践也证明了，更换了减震胶块以后故障排除。

这个故障排除的关键点是，系统分析并在脑子里建立发动机动能传递模型。这就是典型的形象思维过程。

问题解决了，奔驰车主从此对刘亮信赖有加，不仅成为刘亮忠实的客户，还给刘亮介绍了很多客源。

思考：上述维修过程对你有什么启发，聚焦维修思路，写一篇 500 字短文。同时总结分析一下刘亮是如何做到让奔驰车重获新生的，刘亮具备优秀汽车维修工的哪些优秀品质，利用思维导图进行展示说明。

学习笔记

项目四　检修汽车发动机异响故障

一、项目描述

对大众迈腾 1.8T 汽车发动机异响进行故障诊断与维修作业。

二、项目要求

符合大众迈腾 1.8T 汽车发动机技术要求和标准，正确使用专用工量具、专用检测仪器，完成汽车发动机异响故障检修作业。

（1）检修活塞敲缸异响；

（2）检修曲轴轴承异响；

（3）检修气门异响；

（4）检修正时链条异响。

三、学习目标

（1）准确描述汽车发动机活塞连杆组、曲轴飞轮组故障诊断方法；

（2）准确描述汽车发动机气门组、气门传动组故障诊断方法；

（3）规范地对活塞敲缸异响故障进行检修；

（4）规范地对曲轴轴承异响故障进行检修；

（5）规范地对气门异响故障进行检修；

（6）规范地对正时链条异响故障进行检修；

（7）养成安全、环保、“5S”作业的好习惯；

（8）养成精进务实的职业态度。

四、学习载体

现有一款大众迈腾 1.8T 汽车，该车已经行驶 22 万 km，最近车主发现自己爱车在怠速时，发动机有“哒哒哒”连续不断的清脆金属敲击声。同时发动机转速突然变化时，发动机有低沉连续“铛铛”的金属敲击声，严重时发动机出现振动。而且，该车行驶提速过程中发动机存在“哗啦哗啦”异响。经过 4S 店维修人员对大众迈腾 1.8T 这款车发动机进行具体分析，发现其异响故障原因可能跟机械故障有关，所以为了解决大众迈腾 1.8T 这款车上述诸多问题，需要从发动机的活塞连杆组异响、曲轴飞轮组异响、气门组异响、气门传动组异响入手检测维修。大众迈腾 1.8T 汽车发动机异响故障分析见下图。

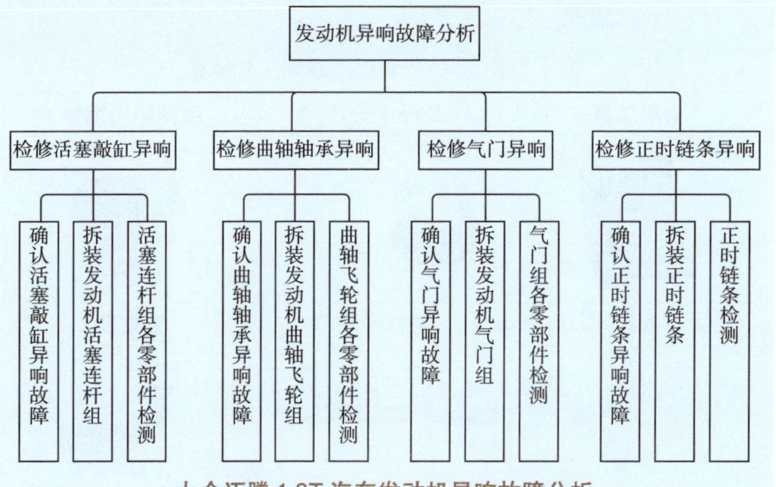

大众迈腾 1.8T 汽车发动机异响故障分析

学习笔记

任务一　检修活塞敲缸异响

职业行动

步骤一：确认故障现象

维修人员试车发现客户车辆在怠速时，发动机有“哒哒哒”连续不断清脆的金属敲击声。

步骤二：作业准备

1. 作业场地

配有尾气抽排系统和消防设施的汽车维修作业场地。

2. 设备设施

举升工位、汽车维修三件套、发动机吊装工具、汽车挡块、集油车、垃圾桶等。

3. 工量辅具（见表 4-1-1）

表 4-1-1　检修活塞敲缸异响工量辅具

常用工具	外径千分尺	活塞环压缩器
塞尺	游标卡尺	量缸表

职业知识

汽车发动机异响故障分析

- 活塞连杆组故障。
- 曲轴飞轮组故障。
- 气门组故障。
- 气门传动组故障。
- 发动机零部件损坏。
- 发动机附属部件及固定螺栓松动故障。
- 润滑系统不良导致发动机零部件机械摩擦

发动机吊装工具

实物图片	操作方法
	• 发动机吊装工具是吊装发动机的专用工具，根据发动机的具体型号和质量调节发动机吊装工具的吨位（0.5 t、1.5 t、2 t）。 • 吊装发动机前要先安装好固定支撑脚架以及吊装的紧固链条。 • 固定发动机，调节液压千斤顶慢慢将发动机从发动机舱内吊出。 • 放置好发动机总成，整理好发动机吊装工具

没有比脚更长的路，没有比人更高的山。

4. 耗材

机油、干净抹布、冷却液、大修维修包、活塞连杆组等。

步骤三：发动机活塞敲缸异响故障诊断与维修

1. 确认活塞敲缸导致发动机异响

（1）“哒哒哒”声响：发动机怠速发出“哒哒哒”连续不断清脆金属敲击声，初步判断为活塞敲缸导致发动机异响。

（2）逐缸断火：采取逐缸断火的方法来确定敲缸的位置，通过断火至 2 缸时，声音明显减小或者消失，而当恢复点火时能听到明显的“哒哒哒”声，说明 2 缸活塞敲缸。

2. 吊装发动机

（1）铺设汽车维修三件套，拔掉燃油泵熔丝，启动发动机，卸燃油压力。

（2）铺设汽车维修三件套，举升车辆，排放发动机冷却液，如图 4-1-1 所示。

图 4-1-1　排放发动机冷却液

（3）铺设汽车维修三件套，举升车辆，排放发动机润滑油，如图 4-1-2 所示。

外径千分尺	
组成	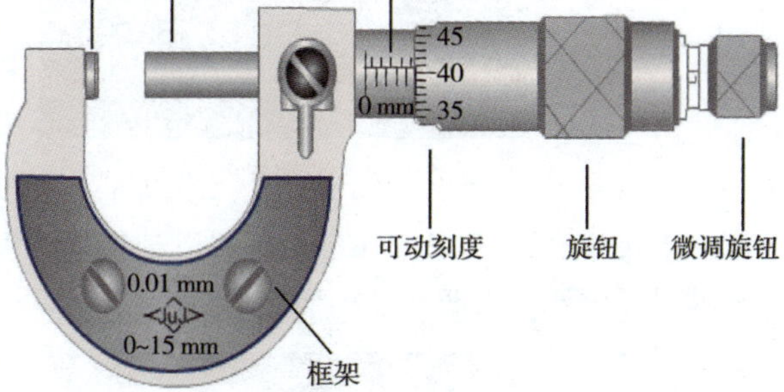 小砧　测微螺杆　固定刻度　45　40　0 mm　35　可动刻度　旋钮　微调旋钮　0.01 mm　0~15 mm　框架
常用规格	• 0 ～ 15 mm。 • 0 ～ 25 mm。 • 25 ～ 50 mm。 • 50 ～ 75 mm。 • 75 ～ 100 mm。 • 100 ～ 125 mm
操作方法	• 以微分套筒的基准线为基准读取左边固定套筒刻度值。 • 再以固定套筒基准线读取微分套筒刻度线上与基准线对齐的刻度，即为微分套筒刻度值。 • 将固定套筒刻度值与微分套筒刻度值相加，即为测量值

学习笔记

学习笔记

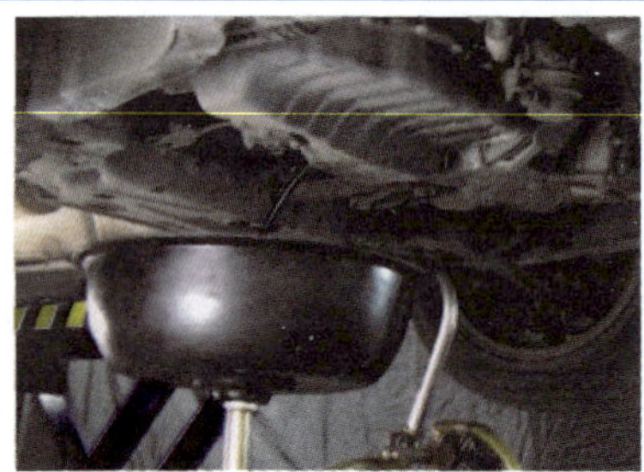
图 4-1-2　排放发动机润滑油

（4）铺设汽车维修三件套，拆卸燃油管路和发动机线束以及发动机附属部件，如图 4-1-3 所示。

图 4-1-3　拆卸燃油管路和发动机线束

（5）利用发动机专用吊装工具安装吊装发动机总成，如图 4-1-4 所示。

图 4-1-4　吊装发动机总成

吊装发动机操作要求

- 注意保护车身漆面，使用翼子板布。
- 检查吊装发动机专用工具和举升设备的可靠性。
- 举升汽车时要使用安全支撑架支撑在车辆的指定部位。
- 拆卸管路和接头时，应做好标记。
- 拆卸发动机时，必须在完全冷却的状态下进行。
- 拆卸、分解原则：由上到下，由外到内，先系统后部分。
- 拆卸蓄电池线之前确定车辆是否配备原车防盗及收音机防盗功能，如配备，先找到密码。
- 排放车辆的冷却液和润滑油时要按照标准流程正确操作。
- 插拔发动机线束接头要按照正确方法操作，不可盲目使蛮劲操作。
- 严格执行操作流程，注意安全生产。
- 安装发动机要按照维修要求标准进行操作，注意人身安全。
- 安装发动机总成要使用专用工具量具进行操作，保证发动机各零部件安装正确可靠

活塞敲缸异响原因分析

- 活塞与气缸壁的间隙过大。
- 活塞销偏置方向装反。
- 活塞连杆弯曲变形。
- 润滑油道堵塞。
- 气缸壁润滑不良

没有比脚更长的路，没有比人更高的山。

3. 拆解发动机，拆卸活塞连杆组

（1）使用专用工具拆解发动机的配气机构和曲柄连杆机构，如图 4-1-5 所示。

图 4-1-5　拆解发动机

（2）使用专用工具拆卸活塞连杆组，如图 4-1-6 所示。

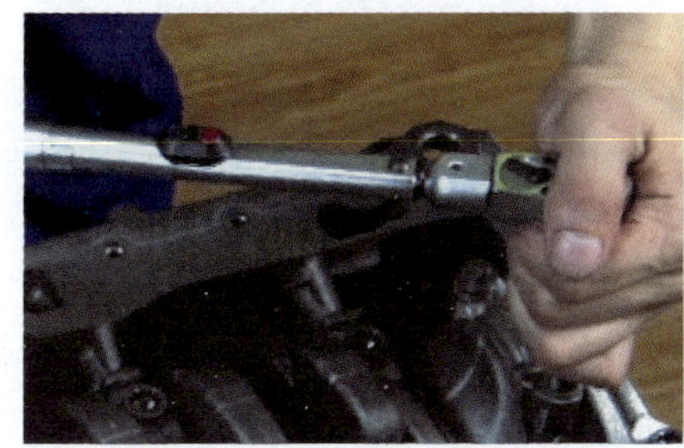

图 4-1-6　拆卸活塞连杆组

4. 检测气缸直径

（1）利用游标卡尺、外径千分尺、量缸表等专用检测仪器按照正确的检测方法和要求对发动机气缸进行气缸直径检测，测量缸径为 82.56 mm，并记录上中下不同截面，横纵垂直方向六组数据，并计算气缸的圆度和圆柱度数值，如图 4-1-7 所示。

活塞连杆组	
组成	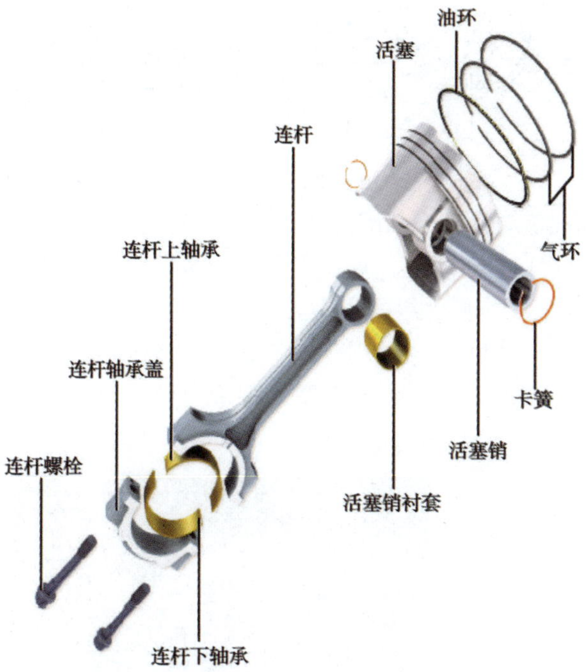 油环 活塞 连杆 气环 连杆上轴承 卡簧 连杆轴承盖 活塞销 连杆螺栓 活塞销衬套 连杆下轴承
功用	• 发动机传动部件。 • 将活塞的往复运动变为曲轴的旋转运动。 • 将作用于活塞上气体的压力转变为曲轴对外输出转矩

学习笔记

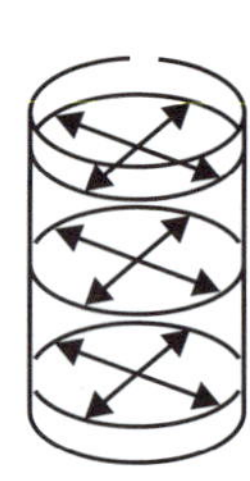
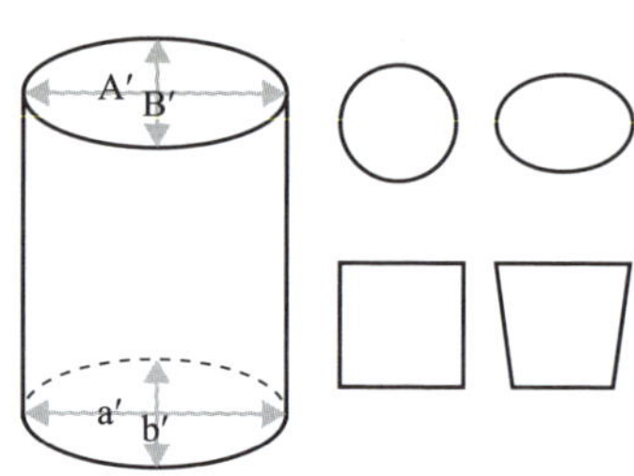

图 4-1-7　测量气缸的圆度和圆柱度

（2）查阅发动机维修手册，根据维修手册上圆度和圆柱度的标准值与计算出的圆度和圆柱度进行对比，结果发现气缸出现失圆，气缸磨损。

5. 检测活塞裙部直径

（1）利用外径千分尺（75 ～ 100 mm）检测活塞的裙部直径，读取数值为 82.39 mm，活塞裙部有磨损和划伤痕迹，如图 4-1-8 所示。

图 4-1-8　检测活塞裙部直径

（2）查阅维修手册，标准数值为 82.465 mm，磨损极限值为 0.04 mm，通过数据比较发现活塞直径磨损超过极限。

6. 检测气缸直径与活塞之间的间隙

（1）检测气缸直径与活塞之间的间隙，如图 4-1-9 所示。

发动机气缸缸径检测方法

- 清洁气缸壁测量部位。
- 清洁并校验游标卡尺。
- 游标卡尺粗略测量气缸直径，确定测量杆长度。
- 清洁并校验外径千分尺。
- 清洁、检查并安装量缸表，注意选择合适的测杆，并使其压缩 1 ～ 2 mm，以留出测量余量。
- 在台虎钳上校正量缸表。把外径千分尺调到被测气缸的标准尺寸，将装好的量缸表放入千分尺。稍微旋动接杆，使表针摆动 2 mm，转动表盘，对准 0 刻度。
- 测量时，用量缸表并严格按照操作规程操作，读出被测气缸直径。按照维修手册中关于测量位置的要求，测量不同位置的直径并记录，并以测量最大的数据作为该气缸直径。
- 计算气缸圆度误差。根据测量结果进行计算，取同一平面不同方向的两个直径差值的一半作为该平面的圆度误差，取计算出的三个不同平面的圆度值，以最大的为该缸的圆度误差。维修手册中的规定值与额定尺寸的偏差最大为 0.08 mm。
- 计算气缸圆柱度误差。根据测量结果进行计算，取不在同一个平面的差值最大的直径值的一半作为该缸的圆柱度误差。如计算出的圆柱度误差超过维修手册中的规定值，应进行修复

迈腾 1.8T 发动机活塞裙部直径检测方法

- 选择 75 ～ 100 mm 的外径千分尺，并校准外径千分尺。
- 检查活塞裙部直径时，检测部位距离裙部下缘约 10 mm，并与活塞销轴线成 90°。
- 读取裙部直径数值，并与维修手册标准数值进行比较。与额定尺寸的偏差最大为 0.04 mm。活塞标准直径参见维修手册

　没有比脚更长的路，没有比人更高的山。

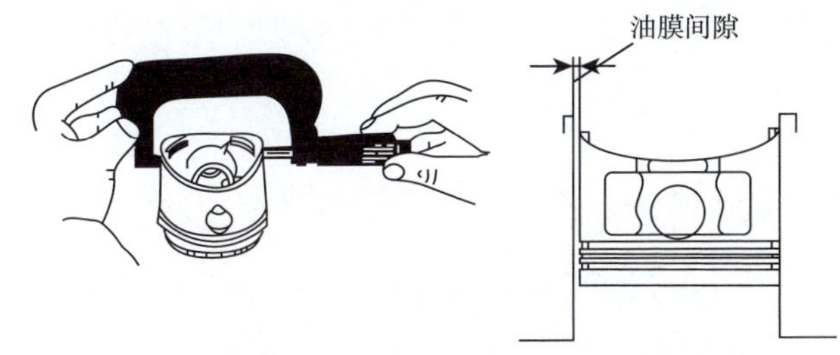

图 4-1-9　检测气缸直径与活塞之间的间隙

（2）将检测结果与维修手册标准数值对比发现，活塞与气缸间隙过大，确定活塞敲缸的故障原因所在。

7. 更换气缸、活塞以及活塞环

（1）根据检测结果，更换发动机气缸、活塞以及活塞环，安装活塞连杆组，并按照维修手册要求组装发动机总成。

（2）按照正确维修标准吊装发动机总成。

（3）连接发动机线束、水管、油管及其他附属零部件。

（4）给发动机添加冷却液及润滑油。

8. 着车试车

对迈腾 1.8T 故障车辆进行着车验证，发动机运转正常，发动机异响消失，故障排除。

步骤四：车辆交付

将修复好的迈腾 1.8T 车辆交付给客户。

操作规范要求

- 穿着干净整洁的工作服。
- 穿工鞋、戴工帽。
- 实际操作时不可佩戴手表、戒指等金属饰品。
- 遵守场地安全规定，注意用电安全。
- 遵守 5S 操作要求，安全作业。
- 正确使用工量具对活塞连杆组进行拆装和检测。
- 拆装活塞环应使用活塞环扩张器专用工具。
- 安装活塞时要使用活塞环压缩器专用工具。
- 安装活塞环时各开口错开 120°，有 top 标记的需要指向活塞顶部。
- 活塞连杆螺栓按照标准力矩拧紧

视频

4-1 活塞连杆组安装

视频

4-2 活塞连杆组组成

学习笔记

任务测评

一、知识测评

确定本任务关键词，按重要程度进行关键词排序并举例解读。

根据自己对重要信息捕捉、排序、表达、创新和划分权重能力进行自评，满分 100 分（见表 4-1-2）。

表 4-1-2　检修活塞敲缸异响故障知识测评表

序号	关键词	举例解读	评分自定
1			
2			
3			
4			
5			
总分			

二、能力测评

对表 4-1-3 所列作业内容，操作规范即得分，操作错误或未操作即零分。

表 4-1-3　检修活塞敲缸异响故障能力测评表

序号	作业内容	配分	得分
1	确认故障现象	20	
2	实施操作准备	20	
3	故障诊断维修	40	
4	故障排除验证	20	
总分		100	

三、素养测评

对表 4-1-4 所列素养点，做到即得分，未做到即零分。

表 4-1-4　检修活塞敲缸异响故障素养测评表

序号	素养点	配分	得分
1	安全作业，无安全隐患	20	
2	保护环境，无乱扔乱倒	20	
3	规范标准，无野蛮操作	20	
4	团队协作，无不洽关系	20	
5	遵守场地 5S	20	
总分		100	

四、拓展训练

（1）请思考一下，大众系列 EA211 发动机与 EA888 发动机的区别是什么（25 分）？

（2）现 2013 款大众速腾车辆在怠速时，发动机有“哒哒哒”连续不断的金属敲击声，维修人员初步判断是活塞敲缸异响故障，试制定检修流程并进行检修（25 分）。

（3）请按图 4-1-10 所示思维导图格式，对检修活塞敲缸异响的学习收获进行总结，结合自己的学习和生活经历说明一下“没有比脚更长的路，没有比人更高的山。”这句话的寓意，凝练一个词汇填到思维导图的空格里，并举例（50 分）。

图 4-1-10　思维导图

学习笔记

任务二 检修曲轴轴承异响

职业行动

步骤一：确认故障现象

维修人员试车发现客户车辆在转速突然变化时，发动机有低沉连续“铛铛”的金属敲击声，发动机异响，严重时发动机出现振动。

步骤二：作业准备

1. 作业场地

配有尾气抽排系统和消防设施的汽车维修作业场地。

2. 设备设施

大众迈腾 1.8T 汽车、举升工位、汽车维修三件套、发动机吊装车、垃圾桶。

3. 工量辅具（见表 4-2-1）

表 4-2-1 检修曲轴轴承异响工量辅具

常用工具	外径千分尺	百分表
塞尺	扭力扳手	活塞环压缩器

职业知识

发动机异响诊断方法

断火法	通过断掉发动机某缸点火，判断发动机异响是否减小或消失，可以判断该缸是否产生异响
变速法	让发动机工作在不同转速工况下，忽快忽慢，这样通过发动机响声判断是发动机哪个部位发生异响
听诊法	从不同部位用铜棒或听诊器诊断发动机异响声，一般发动机敲缸或者销子响会发生在发动机中上部，轴瓦响会发生在发动机中下部，正时齿轮响在前端，气门及导管响会发生在发动机上部

曲轴飞轮组异响原因分析

- 主轴承与轴径径向间隙过大，严重超过维修标准导致异响。
- 主轴承盖固定螺栓松动。
- 主轴承减摩合金烧毁或脱落。
- 主轴承与轴径磨损过大以及止推垫片磨损严重，导致径向、轴向间隙过大。
- 曲轴弯曲。
- 机油压力过低，润滑不良

迈腾 1.8T 发动机曲轴轴承间隙及轴径标准尺寸

曲轴轴向间隙	轴向间隙为 0.07 ～ 0.23 mm，磨损极限为 0.30 mm
曲轴径向间隙	径向间隙为 0.017 ～ 0.037 mm，磨损极限为 0.15 mm
曲轴主轴承轴颈	53.963 ～ 53.983 mm
曲轴连杆轴颈	47.758 ～ 47.778 mm

成功是优点的发挥，失败是缺点的积累。

学习笔记

4. 耗材

机油、干净抹布、塑料间隙规、大修维修包、曲轴飞轮组零部件等。

步骤三：曲轴轴承异响故障诊断与维修

1. 确认曲轴轴承导致发动机异响

（1）低沉连续“铛铛”声响：发动机有低沉连续“铛铛”的金属敲击声，初步判断为曲轴轴承或者连杆轴承导致发动机异响。

（2）变速法：启动发动机，让发动机在不同转速下运行，发现转速越高，声响越大，振动感随之加大，基本断定曲轴轴承异响，如图 4-2-1 所示。

图 4-2-1　启动发动机在不同转速下运转

（3）断火法：当给发动机 2 缸断火时，异响声无明显变化，而相邻两缸同时断火，声响明显减小，初步判断故障点在第三道主轴承（主轴瓦）。

2. 吊装发动机

（1）铺设汽车维修三件套，拔掉燃油泵熔丝，启动发动机，卸燃油压力。

（2）铺设汽车维修三件套，举升车辆，排放发动机冷却液。

（3）铺设汽车维修三件套，举升车辆，排放发动机润滑油。

（4）铺设汽车维修三件套，拆卸燃油管路和发动机线束以及发动机附属部件。

（5）利用发动机专用吊装工具安装吊装发动机总成，如图 4-2-2 所示。

迈腾 1.8T 发动机曲轴飞轮组	
组成	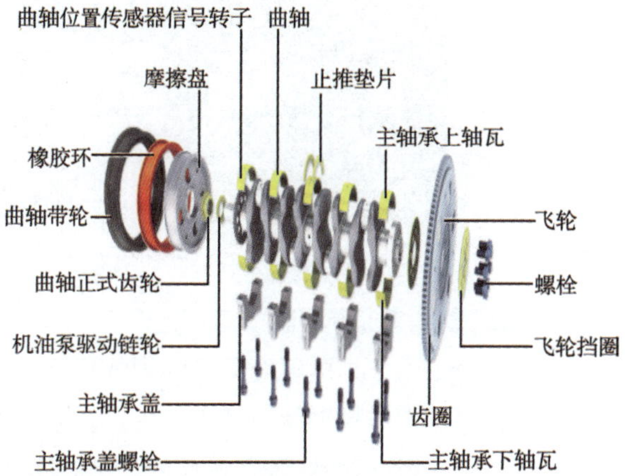 曲轴位置传感器信号转子、曲轴、摩擦盘、止推垫片、主轴承上轴瓦、橡胶环、曲轴带轮、飞轮、螺栓、曲轴正式齿轮、机油泵驱动链轮、飞轮挡圈、主轴承盖、齿圈、主轴承盖螺栓、主轴承下轴瓦
功用	• 将活塞往复直线运动转化为曲轴飞轮组的旋转运动。 • 为汽车行驶和其他需要动力的机构输出扭矩。 • 储存能量，用以克服非做功行程的阻力，使发动机运转平稳  • 直线运动　旋转运动

学习笔记

图 4-2-2 吊装发动机总成

3. 拆解发动机，拆卸曲轴飞轮组

（1）使用专用工具拆解发动机的配气机构和曲柄连杆机构。

（2）使用专用工具拆卸曲轴飞轮组，如图 4-2-3 所示。

图 4-2-3 拆卸曲轴飞轮组

4. 检测曲轴径向间隙

（1）利用扭力扳手等专用工具拆下曲轴主轴承盖，清洗并擦净轴承和曲轴轴径。

（2）根据轴承宽度，沿轴向在曲轴轴径与轴承之间放上等长的塑料间隙规，安装轴承盖，按维修手册规定力矩 60 N • m+90° 拧紧，不得转动曲轴，如图 4-2-4、图 4-2-5 所示。

迈腾 1.8T 发动机曲轴主轴承间隙	
检测方法	• 拆下曲轴主轴承盖，清洗并擦净轴承和曲轴轴径。 • 根据轴承宽度，沿轴向在曲轴轴径与轴承之间放上等长的塑料间隙规。 • 安装轴承盖，以规定力矩拧紧，不得转动曲轴。 • 拆下轴承盖，将轴承盖与轴径间被压扁的塑料间隙规取出，将其压扁的宽度与印制的刻度相比较，就可得出曲轴主轴承的径向间隙值。 • 将曲轴主轴承盖按规定装合紧固，把百分表装在缸体上，用撬棍别住曲轴，使其不能转动，测量曲轴的轴向间隙，最大应不超过规定值。若此间隙超差，则应更换曲轴止推垫片。曲轴轴向间隙一般为 0.07 ～ 0.23 mm，允许极限一般为 0.30 mm
规范要求	• 检测曲轴主轴承和连杆轴承的间隙时，必须严格按照规定力矩拧紧轴承盖，否则测量值不准确。 • 在测量径向间隙时，不得转动曲轴。 • 有些车型发动机轴承为直接选配，不允许乱配

成功是优点的发挥，失败是缺点的积累。

图 4-2-4　安放塑料间隙规

图 4-2-5　按照标准力矩拧紧轴承盖螺栓

（3）重新拆下连杆轴承盖，取出塑料间隙规将其压扁的宽度与印制刻度相比较，读取曲轴径向间隙值，数值为 0.18 mm，该数值与维修手册标准数值对比，超过极限值，如图 4-2-6 所示。

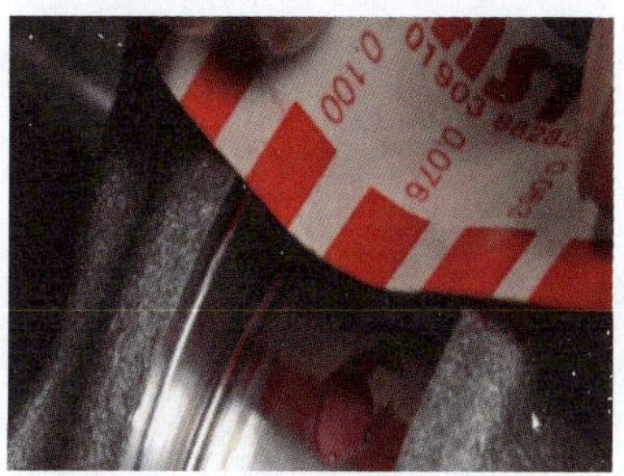

图 4-2-6　读取曲轴径向间隙值

（4）检查曲轴轴承有严重磨损和刮伤痕迹，说明故障点为曲轴轴承间隙过大。

5. 检测曲轴轴向间隙

（1）将百分表与磁力表座安装在一起，并将其固定在气缸体上并与曲柄臂相对放置。用手将曲轴压向百分表并将百分表校表归“0”。用螺丝刀将曲轴向反向压紧并读取显示值，数值为 0.26 mm，如图 4-2-7 所示。

发动机曲轴轴承选配	
选配原则	• 曲轴轴承间隙超过允许极限、修磨或更换曲轴后，均需更换轴承。为保证轴承与轴颈和轴承座孔的良好配合，更换轴承时，必须进行选配。 • 各车型的轴承选配有具体要求，选配前应注意轴承、轴承盖、曲柄和气缸体上有无数字或颜色等标记，并了解这些标记的含义，或查阅维修手册，然后再进行轴承选配
选配方法	• 根据曲轴轴径的修理尺寸，选用与曲轴轴径同一级修理尺寸的轴承。 • 轴承厚度应符合规定。新轴承装入座孔内，上、下两片的两端均应高于接合面 0.05 mm，保证轴承与座孔贴合紧密，提高散热效果。 • 定位凸点完整。轴承背面光滑无斑点，表面粗糙度值应不大于 *Ra*1.25 μm。 • 弹性合适无哑声。把新选用的轴承放入轴承座后，要求轴承的曲率半径大于轴承孔的曲率半径，以保证轴承装入轴承座后，与轴承座紧密贴合。 • 更换留有镗削余量的曲轴轴承时，可将轴承按规定位置装入轴承座孔，并按规定力矩拧紧轴承盖，然后根据曲轴的修理尺寸在专用镗削机上镗削轴承。也可采用手工刮削。 • 按轴颈的标准尺寸或修理尺寸成组选配时，在成组选配的主轴承或连杆轴承中，可任选一上片轴承与一下片轴承配对使用。 • 有选配标记的轴承，选配时必须与气缸体和曲轴上的标记对应

学习笔记

学习笔记

图 4-2-7　检测曲轴轴向间隙

（2）将测量数据与维修手册标准数值对比，数值超过正常规定范围，但是在磨损极限 0.30 mm 范围内。

6. 更换曲轴轴承、止推垫片

（1）根据检测结果，更换发动机曲轴轴承以及止推垫片，安装曲轴飞轮组，并按照维修手册要求组装发动机总成。

（2）按照正确维修标准吊装发动机总成。

（3）连接发动机线束、水管、油管及其他附属零部件。

（4）给发动机添加冷却液及润滑油。

7. 着车试车

对迈腾 1.8T 故障车辆进行着车验证，发动机运转正常，发动机异响消失，故障排除。

步骤四：车辆交付

将修复好的迈腾 1.8T 车辆交付给客户。

视频

4-3 检测曲轴轴向间隙

视频

4-4 曲轴径向间隙检测

组装发动机技术要求

- 装配应在专用车间或清洁场地进行。要做到三不落地（工件不落地、工量具不落地和油渍不落地），并保持工作台、工件盘和工量具的清洁。
- 易损零件、紧固锁止件应全部换新，如气缸垫及其他衬垫、开口销、自锁螺母、弹簧垫圈、橡胶密封件等。
- 严格保持零件、润滑油道清洁。
- 不许互换的零件（如气门等），应做好记号，以防错装。全部零件清洁、清点后应分类摆放整齐。
- 装配时，应在零件的配合表面（过盈配合、过渡配合、动配合表面）和摩擦表面，如凸轮、齿轮、摇臂头部、螺纹等上涂抹发动机用机油，做好预润滑。
- 装配中所用的工量具应齐全、合格，尽量使用专用器具装配。
- 保证各密封部位的密封，防止漏水、漏油、漏气、漏电，重要密封部位应涂密封胶。
- 各零部件紧固螺栓、螺母应按规定紧固力矩、拧紧顺序和方法拧紧。必须使用扭力扳手，按规定顺序，分次、均匀地将螺栓拧到规定力矩

成功是优点的发挥，失败是缺点的积累。

学习笔记

任务测评

一、知识测评

确定本任务关键词，按重要程度进行关键词排序并举例解读。

根据自己对重要信息捕捉、排序、表达、创新和划分权重能力进行自评，满分 100 分（见表 4-2-2）。

表 4-2-2　检修曲轴轴承异响故障知识测评表

序号	关键词	举例解读	评分自定
1			
2			
3			
4			
5			
总分			

二、能力测评

对表 4-2-3 所列作业内容，操作规范即得分，操作错误或未操作即零分。

表 4-2-3　检修曲轴轴承异响故障能力测评表

序号	作业内容	配分	得分
1	曲轴轴承异响	20	
2	实施操作准备	20	
3	故障诊断维修	40	
4	故障排除验证	20	
总分		100	

三、素养测评

对表 4-2-4 所列素养点，做到即得分，未做到即零分。

表 4-2-4　检修曲轴轴承异响故障素养测评表

序号	素养点	配分	得分
1	安全作业，无安全隐患	20	
2	保护环境，无乱扔乱倒	20	
3	规范标准，无野蛮操作	20	
4	团队协作，无不洽关系	20	
5	遵守场地 5S	20	
总分		100	

四、拓展训练

（1）请结合实际案例和维修手册思考一下，发动机零部件都有哪些配合间隙，具体标准是多少（25 分）？

（2）现 2013 款大众速腾车辆在转速突然变化时，发动机有低沉连续“铛铛”的金属敲击声，发动机异响。维修人员初步判断是曲轴轴承故障，试制定检修流程并进行检修（25 分）。

（3）有两个相邻的甲乙汽车修理店，店里环境、设备几乎都一样，甲店生意兴隆，乙店生意萧条，连租房都成了一大问题。为何会有这样的差距呢？原因在于二者的思维能力不同。其实，早期乙店生意还算不错，但服务意识、技术水平一直未随时代发展而发展，导致生意逐渐萧条，相反，甲店的服务态度、服务项目以及技术能力一直随着客户的需求变化不断适应与提升，久而久之，品牌口碑就建立起来了，生意好成了水到渠成的一件事。

学习笔记

请按图 4-2-8 所示思维导图格式，对检修曲轴轴承异响的学习收获进行总结，结合上面的故事，给甲店列出至少八条精进提升的措施（50 分）。

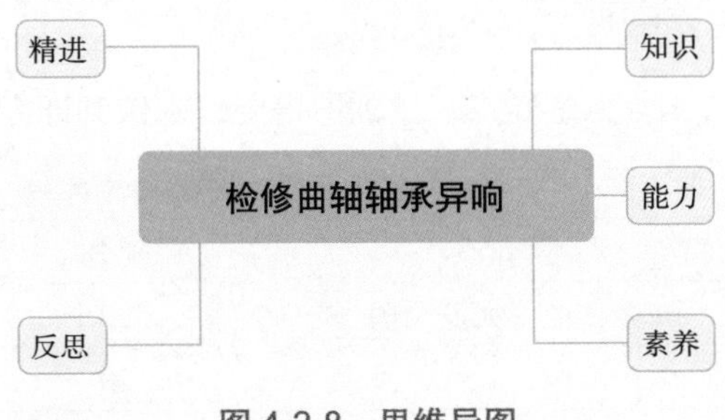

图 4-2-8　思维导图

任务三　检修气门异响

职业行动

步骤一：确认故障现象

维修人员试车发现客户车辆在发动机怠速时，发出有节奏的“哒哒”的声响，声音随着速度的增加频率加快。

步骤二：作业准备

1. 作业场地

配有尾气抽排系统和消防设施的汽车维修作业场地。

2. 设备设施

大众迈腾 1.8T 汽车、举升工位、汽车维修三件套、汽车专用听诊器、垃圾桶等。

3. 工量辅具（见表 4-3-1）

表 4-3-1　检修气门异响工量辅具

常用工具	外径千分尺	工具车
游标卡尺	扭力扳手	气门弹簧压缩器

职业知识

气门弹簧压缩器

实物图片	操作方法
	• 气门弹簧压缩器是气门拆装专用工具。将钳口收缩到最小位置，插入气门弹簧座与气门底座之间，然后旋转手柄，直至露出锁片。 • 取出锁片，卸下气门弹簧压缩器。 • 依次取出气门弹簧座、气门弹簧、气门

游标卡尺

实物图片	读数方法
	游标卡尺按游标的刻度值来分，游标卡尺分为 0.1 mm、0.05 mm、0.02 mm 三种。以刻度值 0.02 mm 的精密游标卡尺为例，读数方法如下： • 根据游标（副尺）零刻度线以左的尺身（主尺）上的最近刻度读出整毫米数。 • 根据游标零刻度线以右与尺身上的刻度对准的刻度线数乘上 0.02 读出小数。 • 将上面整数和小数两部分加起来，即为总尺寸

4. 耗材

熔丝、线束、塑料间隙规、干净抹布等。

步骤三：发动机气门异响故障诊断与维修

1. 确认气门异响导致发动机异响

（1）连续“哒哒”声响：发动机有连续“哒哒”异响，初步判断为配气机构异响导致发动机异响。

（2）听诊法：启动发动机，用汽车专用听诊器对发动机气门室罩盖机油加注口位置进行听诊，发现气缸盖上部有明显的“哒哒”异响，初步判断是配气机构气门异响，如图 4-3-1 所示。

图 4-3-1　听诊发动机异响部位

2. 拆卸发动机气缸盖

（1）铺设汽车维修三件套，利用专用工具按照正确螺栓拆装顺序将发动机气缸盖从发动机舱内拆卸，如图 4-3-2 所示。

图 4-3-2　拆卸发动机气缸盖

迈腾 1.8T 发动机配气机构异响原因分析

- 进排气凸轮轴损坏。
- 气门杆与气门导管配合间隙过大。
- 气门弹簧损坏。
- 气门与气门座配合不好。
- 正时链条松动

发动机气缸盖螺栓拆装顺序

气缸盖螺栓的拆卸顺序	气缸盖螺栓的紧固顺序
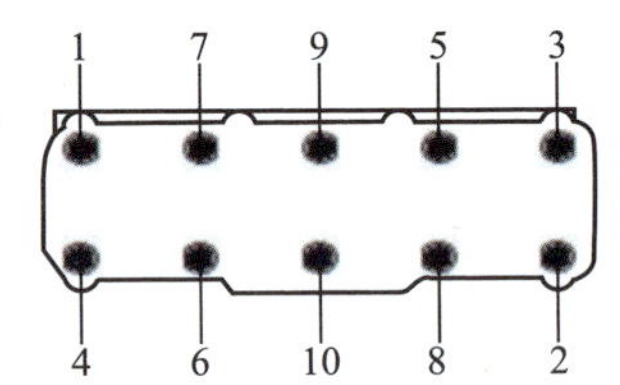	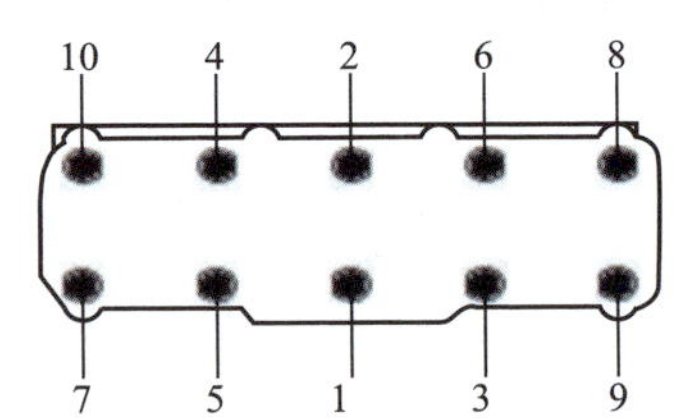

发动机气缸盖拆卸要求

- 在常温下拆卸气缸盖。
- 使用指针式扭力扳手和棘轮扳手拧松或紧固气缸盖螺栓时，左手要握住手柄与套筒连接处，保持套筒与所拆卸或紧固的螺栓同轴线，切勿摇晃，以免套筒滑出或损坏螺栓螺母的棱角；右手要握住配套手柄，用力旋转。
- 按正确的气缸盖螺栓拆卸顺序进行拆卸，否则可能导致气缸盖翘曲或开裂。
- 一字螺丝刀头部要缠上胶带，撬动时，要小心不要损坏气缸盖与气缸体接触面，并保证受力方向垂直于气缸盖与气缸体接触面向上。
- 枕木上要垫上布，以免碰坏气缸盖表面。
- 气缸盖要平稳放置，避免掉落损伤

思想会变成语言，语言会变成行动，行动会变成习惯，要成为习惯于优秀的人。

（2）将气缸盖平稳地抬到检修工位上，如图 4-3-3 所示。

图 4-3-3　放置发动机气缸盖

3. 检测进排气凸轮轴

用塑料间隙规检测进排气凸轮轴的径向间隙，检测结果数据在规定范围内，间隙正常，如图 4-3-4 所示。

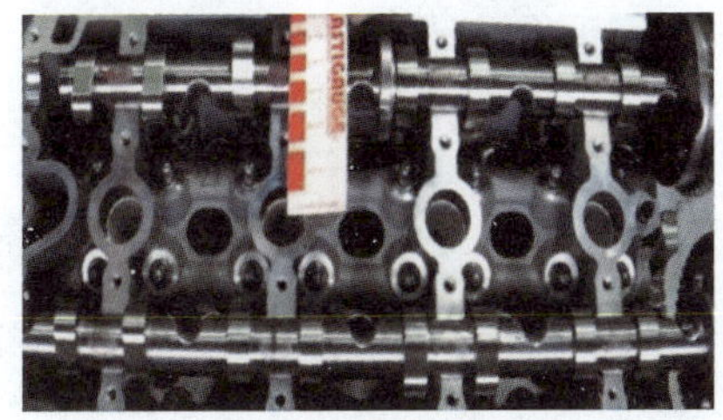

图 4-3-4　检测进排气凸轮轴径向间隙

4. 拆卸气门组

（1）利用弹簧压缩器专用工具拆卸气门组，如图 4-3-5 所示。

图 4-3-5　拆卸气门组

进排气凸轮轴径向间隙检测方法

- 用塑料间隙规检测。
- 轴承直径 24 mm 的径向间隙为 0.024 ～ 0.066 mm

气门检测部位

检测气门通常检测气门的长度 c，气门杆部直径 b，气门端面直径 a

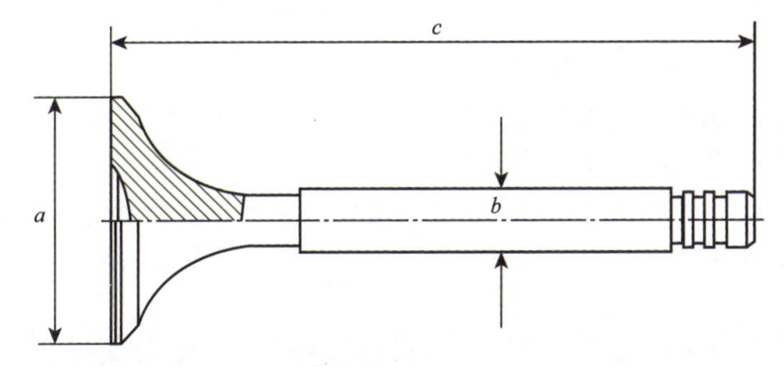

气门间隙

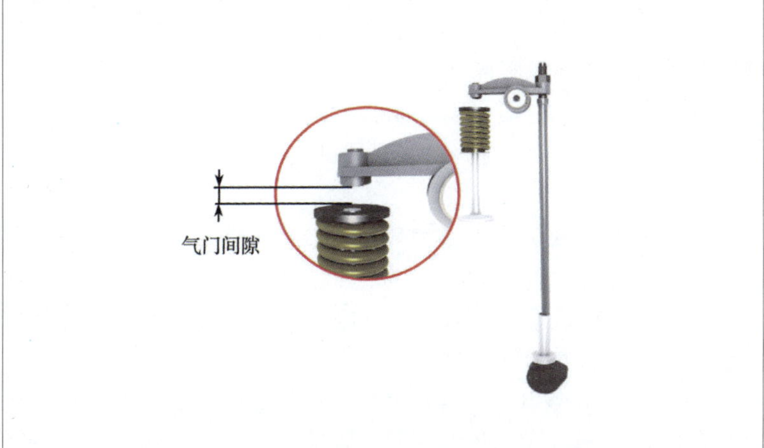

学习笔记

学习笔记

（2）利用弹簧压缩器将气门弹簧座压下，取下气门锁片，进而取下气门弹簧座、气门弹簧和气门等零部件，如图 4-3-6 所示。

图 4-3-6　拆卸气门组零部件

5. 检修气门组各零部件

（1）检查进排气门弹簧外观有无弯曲变形，用游标卡尺测量气门弹簧自由长度，测量结果正常。

（2）目测进排气门是否有明显弯曲、裂纹、烧蚀、磨损等现象，检查正常。同时查看各缸进排气门与气门座圈贴合情况，检查均良好。

（3）利用游标卡尺检测进排气门的长度 c，测量数据结果正常。

（4）利用外径千分尺检测进排气门杆部直径 b，分别测量上中下三个不同截面，测量数据结果发现 2 缸第一支排气门数据异常。超出维修手册极限标准值。

6. 检测气门和气门导管间隙

（1）将 2 缸排气门插入气门导管中，排气门杆末端必须和导管紧贴。

（2）将装有百分表的磁力表座安装在气缸盖上，测量排气门与气门导管摆动间隙，经过测量，2 缸排气门与气门导管的间隙为 0.82 mm，超过维修手册磨损极限值。仔细查看发现该缸气门导管已成椭圆状磨损。

（3）确认故障点为 2 缸排气门与气门导管间隙过大，导致发动机异响。

气门与气门导管间隙检测方法

- 将气门插入气门导管中，气门杆末端必须和导管紧贴。
- 将装有百分表的磁力表座安装在气缸盖上，用手将百分表紧贴气门的头部边沿，并将百分表校表归“0”。
- 确定气门与气门导管间隙，与维修手册标准值对比。进气门导管与排气门导管间隙磨损极限值均为 0.80 mm。
- 如果超过磨损极限，则用新的气门重新测量。如果继续超过磨损极限，更换气缸盖

气门检测方法

气门长度检测	
气门杆部直径检测	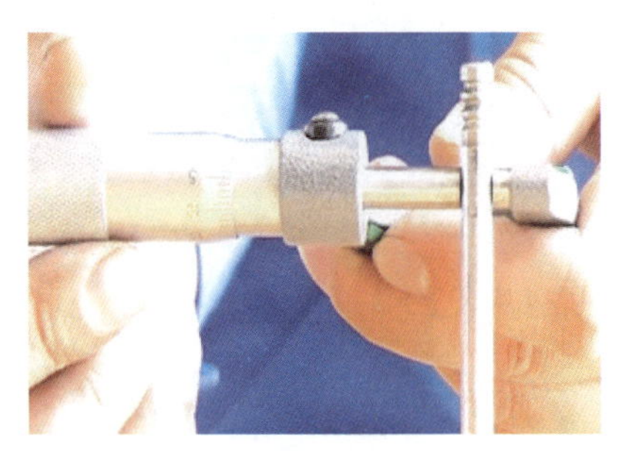

思想会变成语言，语言会变成行动，行动会变成习惯，要成为习惯于优秀的人。

7. 更换 2 缸排气门和气门导管

按照维修手册要求，正确使用专用工具将 2 缸第一支排气门与气门导管同时更换。将配气机构组装完毕，将气缸盖组装回故障车辆。

8. 着车试车

对故障车辆进行着车验证，发动机“哒哒”异响消失，故障排除。

步骤四：车辆交付

将修复好的迈腾 1.8T 车辆交付给客户。

操作规范要求

- 穿着干净整洁的工作服。
- 穿工鞋、戴工帽。
- 实际操作时不可佩戴手表、戒指等金属饰品。
- 遵守场地安全规定，注意用电安全。
- 遵守 5S 操作要求，安全作业。
- 检测气门组各零部件时要参照维修手册标准。
- 拆卸气门组零部件要轻拿轻放，避免磕碰和损坏。
- 检测气门组零部件时，要选择正确的检测工具设备

视频

4-5 测量气门直径

视频

4-6 气门组组成

学习笔记

任务测评

一、知识测评

确定本任务关键词，按重要程度进行关键词排序并举例解读。

根据自己对重要信息捕捉、排序、表达、创新和划分权重能力进行自评，满分 100 分（见表 4-3-2）。

表 4-3-2　检修气门异响故障知识测评表

序号	关键词	举例解读	评分自定
1			
2			
3			
4			
5			
总分			

二、能力测评

对表 4-3-3 所列作业内容，操作规范即得分，操作错误或未操作即零分。

表 4-3-3　检修气门异响故障能力测评表

序号	作业内容	配分	得分
1	确认故障现象	20	
2	实施操作准备	20	
3	故障诊断维修	40	
4	故障排除验证	20	
总分		100	

三、素养测评

对表 4-3-4 所列素养点，做到即得分，未做到即零分。

表 4-3-4　检修气门异响故障素养测评表

序号	素养点	配分	得分
1	安全作业，无安全隐患	20	
2	保护环境，无乱扔乱倒	20	
3	规范标准，无野蛮操作	20	
4	团队协作，无不洽关系	20	
5	遵守场地 5S	20	
总分		100	

四、拓展训练

（1）请结合实际案例思考一下，汽车发动机配气机构的发展历史（25 分）。

（2）现 2013 款大众速腾车辆发动机怠速时，发出有节奏的“哒哒”的声响，声音随着速度的增加频率加快。维修人员初步判断是气门异响故障，试制定检修流程并进行检修（25 分）。

（3）李琳毕业来到 4S 店遇到了一位好师傅，再加上平日里工作认真，善于思考，虚心求教，任劳任怨，得到 4S 店里的领导和师傅的一致认可，遇到难题不退缩，不解决问题不罢休，很快就在同期入职员工中脱颖而出，俨然成了一个“小能手”。

请按图 4-3-7 所示思维导图格式，对检修气门异响的学习收获进行总结，并搜集三个汽车异响故障案例，结合故障判断思路分析，你认为一个汽修能手应该具备什么品质？判断一下自己需要多长时间能够成为汽修能手？具体应该怎么做（50 分）？

思想会变成语言，语言会变成行动，行动会变成习惯，要成为习惯于优秀的人。

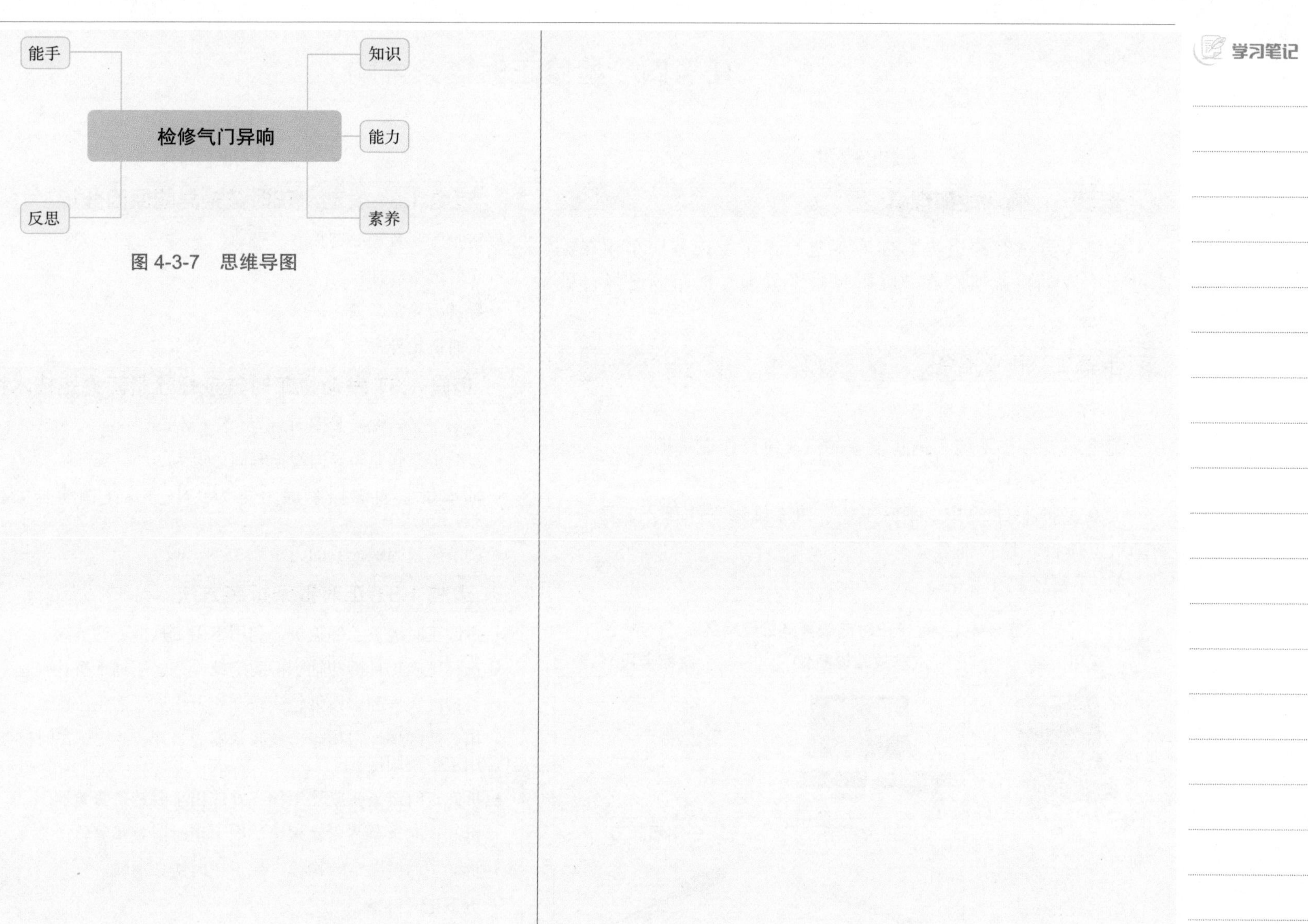

图 4-3-7　思维导图

任务四　检修正时链条异响

职业行动

步骤一：确认故障现象

维修人员对客户迈腾 1.8T 车辆进行试车发现客户车辆在提速过程中发动机确实存在“哗啦哗啦”异响，该车辆已经行驶 22 万 km。

步骤二：作业准备

1. 作业场地

配有尾气抽排系统和消防设施的汽车维修作业场地。

2. 设备设施

大众迈腾 1.8T 汽车、举升工位、汽车维修三件套、工具车、防静电工作台、垃圾桶等。

3. 工量辅具（见表 4-4-1）

表 4-4-1　检修正时链条异响工量辅具

常用工具	汽车故障诊断仪	游标卡尺
塞尺	扭力扳手	一字螺丝刀

职业知识

迈腾 1.8T 发动机正时链条异响原因分析

- 链条张紧装置没有张力，松动。
- 正时链条被抻长。
- 导链板异常磨损。
- 正时链轮异常

迈腾 1.8T 发动机正时链条螺栓紧固力矩技术标准

- 链条张紧器螺栓紧固力矩为 9 N • m。
- 正时链条张紧轨导向螺栓紧固力矩为 20 N • m。
- 轴承桥紧固螺栓紧固力矩为 9 N • m，垫圈螺栓紧固力矩为 8 N • m+90°。
- 调节阀紧固螺栓紧固力矩为 35 N • m

迈腾 1.8T 正时链条拆装方法

- 拆卸正时链条上部盖板，利用专用工具拆下调节阀。
- 选择正确工具拆卸轴承桥固定螺栓，取下轴承桥。
- 将带减振器的多楔带轮旋转至“上止点”箭头位置。
- 用合适的螺丝刀抬起链条张紧器的簧片，并按压正时链条张紧轨，用定位销固定。
- 拆卸正时链条张紧器螺栓，并取出正时链条张紧器。
- 拆卸正时链条张紧轨螺栓，取下正时链条张紧轨。
- 拆卸正时链条滑轨螺栓，取下正时链条滑轨。
- 拆下正时链条。
- 安装正时链条要对好正时，然后反序安装

4. 耗材

机油、密封胶、干净抹布、正时机构零部件等。

步骤三：正时链条异响故障诊断与维修

1. 确认正时链条异响导致发动机异响

（1）车辆在提速过程中发动机确实存在“哗啦哗啦”异响，根据声响判断疑似链条发出的噪声。

（2）听诊法：启动发动机，用汽车专用听诊器对发动机进行听诊，当听筒靠近正时链条附近，异响最明显，初步判断是配气机构正时链条异响。

2. 拆卸发动机正时链条

（1）铺设汽车维修三件套，利用专用工具按照维修手册正确拆装方法拆卸发动机正时链条上部盖板，如图 4-4-1 所示。

图 4-4-1　拆卸正时链条上部盖板

（2）利用专用工具按照正确拆装方法拆卸发动机正时链条张紧器，如图 4-4-2 所示。

（3）利用专用工具按照正确拆装方法拆卸发动机正时链条张紧轨和滑轨，如图 4-4-3 所示。

发动机正时传动装置	
正时齿轮传动装置	 凸轮轴正时齿轮 曲轴正时齿轮
正时链传动装置	 凸轮轴正时齿轮 正时链条 链条张紧器导板 曲轴正时链轮
正时带传动装置	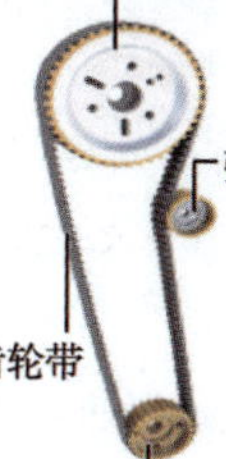 凸轮轴正时齿轮 张紧轮 正时齿轮带 曲轴正时齿轮

学习笔记

图 4-4-2　拆卸正时链条张紧器

图 4-4-3　拆卸正时链条张紧轨和滑轨

（4）拆下发动机正时链条，将新旧正时链条对比，发现旧的链条比新的链条伸长一些，同时，正时链条护板有磨损痕迹，如图 4-4-4、图 4-4-5 所示。

图 4-4-4　新旧正时链条对比图

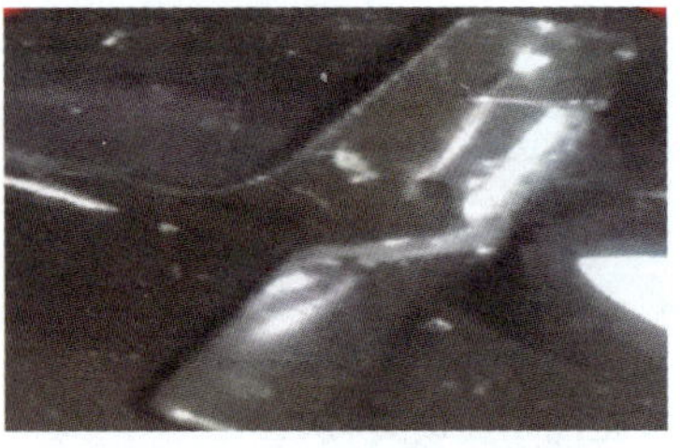

图 4-4-5　正时链条护板磨损

（5）再次确认，发动机正时链条伸长，导致张紧器张紧度不够，链条松旷，工作时与旁边的护罩摩擦，发生"哗啦哗啦"异响，确定故障点。

迈腾 1.8T 发动机正时机构

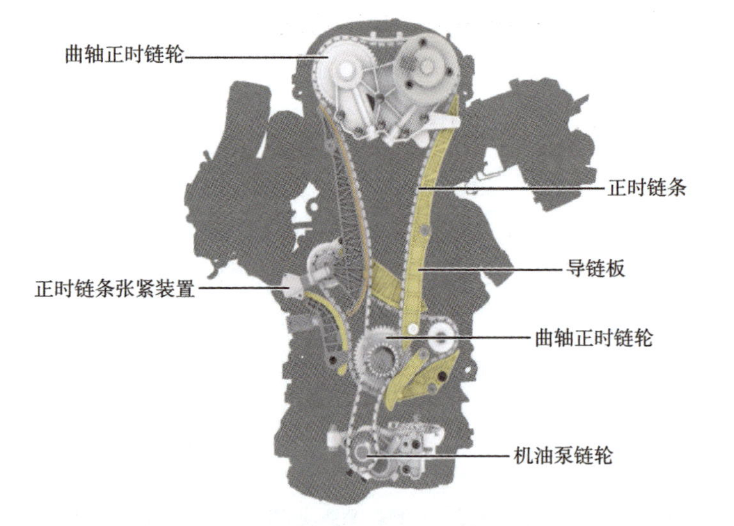

正时链条传动方式的特点

- 优点。使用寿命长、故障率低且不易发生由于正时传动故障导致的汽车抛锚。
- 缺点。链条转动噪声大、传动阻力大、传动惯性也大，从一定角度来说增加了油耗，性能也有所降低

正时带传动方式的特点

- 优点。正时带噪声小、传动阻力小、传动惯性也小，能够提高发动机的动力性及加速性能，并且容易更换。
- 缺点。正时带易老化，故障率高，使用成本相对较高

3. 更换发动机正时链条、链条张紧器、护罩、导轨等零件

（1）利用专用工具，按照正确方法安装更换发动机正时链条、张紧器以及导轨、滑轨护罩等，同时按照维修手册要求对好发动机正时，如图 4-4-6 所示。

图 4-4-6　安装正时链条对正时

（2）利用扭力扳手，按照维修手册要求将各个固定紧固螺栓按照标准力矩拧紧，按照反序顺序组装发动机正时链条。

（3）更换正时机构完毕，准备着车测试。

4. 着车试车

对迈腾 1.8T 故障车辆进行着车验证，发动机运转正常，发动机“哗啦哗啦”异响消失，故障排除。

步骤四：车辆交付

将修复好的迈腾 1.8T 车辆交付给客户。

操作规范要求

- 穿着干净整洁的工作服。
- 穿工鞋、戴工帽。
- 实际操作时不可佩戴手表、戒指等金属饰品。
- 遵守场地安全规定，注意用电安全。
- 遵守 5S 操作要求，安全作业。
- 正确使用灭火器等消防器材。
- 在拆卸正时机构时一定要按照正确工艺标准完成。
- 拆卸正时机构零部件时要轻拿轻放，避免磕碰和损坏。
- 如果需要断开传感器线束部件插头时，应提前关闭点火开关

学习笔记

视频

4-7 拆卸正时链条

视频

4-8 配气机构组成

学习笔记

任务测评

一、知识测评

确定本任务关键词，按重要程度进行关键词排序并举例解读。

根据自己对重要信息捕捉、排序、表达、创新和划分权重能力进行自评，满分 100 分（见表 4-4-2）。

表 4-4-2　检修正时链条异响故障知识测评表

序号	关键词	举例解读	评分自定
1			
2			
3			
4			
5			
总分			

二、能力测评

对表 4-4-3 所列作业内容，操作规范即得分，操作错误或未操作即零分。

表 4-4-3　检修正时链条异响故障能力测评表

序号	作业内容	配分	得分
1	确认故障现象	20	
2	实施操作准备	20	
3	故障诊断维修	40	
4	故障排除验证	20	
总分		100	

三、素养测评

对表 4-4-4 所列素养点，做到即得分，未做到即零分。

表 4-4-4　检修正时链条异响故障素养测评表

序号	素养点	配分	得分
1	安全作业，无安全隐患	20	
2	保护环境，无乱扔乱倒	20	
3	规范标准，无野蛮操作	20	
4	团队协作，无不洽关系	20	
5	遵守场地 5S	20	
总分		100	

四、拓展训练

（1）请结合实际案例思考一下，汽车发动机正时传动方式带驱动与链条驱动的优缺点（25 分）。

（2）现 2013 款大众速腾车辆在行驶过程中发动机出现“哗啦哗啦”异响，维修人员初步判断是正时机构故障，试制定检修流程并进行检修（25 分）。

（3）你具备汽车故障判断思维模式了吗？你具有故障判断思维能力吗？你具备精益求精、精进务实的职业态度吗？你想成为一名妙手回春的汽车医生吗？

请按图 4-4-7 所示思维导图格式，对检修正时链条异响的学习收获进行总结，同时结合汽车故障案例思路分析，你认为成为一名妙手回春的汽车医生最重要的职业品质是什么？选取一个词汇填到思维导图的空格中，并举例说明（50 分）。

千教万教教人求真，千学万学学做真人。

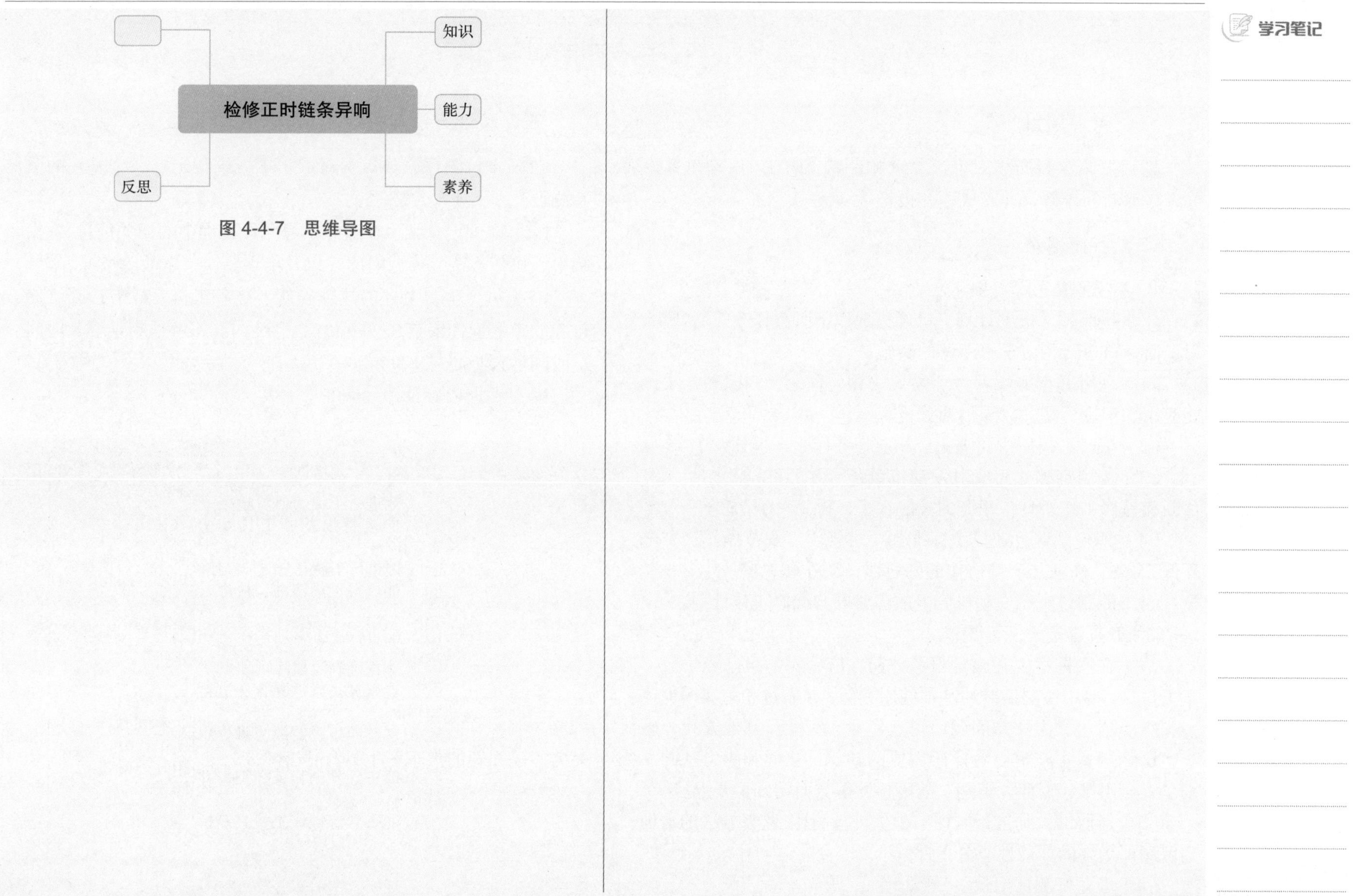

图 4-4-7　思维导图

学习考评

一、考评项目

请根据本项目所学对上汽大众帕萨特 1.8T B5 发动机异响故障进行诊断与维修，并完成考评报告。

二、实施准备

1. 学生准备工作与要求

学生按照教学进度计划，已经完成以下所有任务并达到 75 分以上时，可进行相应学习考评的实施。

（1）理解并掌握学习考评需要的相关理论、知识和方法，并能应用知识进行相关故障诊断分析。

（2）按时、按质量要求完成相应任务作业，得分大于 75 分。

（3）按规定独立完成对发动机系统、零部件以及控制电路的诊断和检修工作，具备相应的技能水平，得分大于 75 分。

（4）具有自觉遵守技术标准和要求规定、规范操作、安全、环保、“5S”作业、团结协作的好习惯，得分大于 80 分。

（5）能制订汽车发动机异响故障诊断与维修工作计划。

2. 教师准备工作与要求

（1）在安排学生实施学习考评前，应确保学生已经学会了汽车工量具、专用检测仪器的基本使用方法，并做过相关实操训练。

（2）通过学生课堂问题研讨、作业、实操及其他方式，确认学生已经具备实施学习考评所需要的知识、技能和能力基础，特别是安全用电、零部件识别、故障检测等方面的知识要点。

（3）对协助教师进行测评的学生进行测评、监督方法的培训，确保测评结果的准确性、公平性。

（4）准备好测评记录。

三、验证方法与标准

（1）每位测评人员负责对四名学生进行定点、全过程的监控和测评。

（2）详细记录学生在实施学习考评过程中的相关信息、数据、结果、操作方法、完成时间，以及出现错误、事故等情况。

（3）每个学习考评的故障确认、准备工作、故障诊断维修、排除故障等操作要求在 90 min 内完成。时间不够可申请延长时间，总时间最长不超过 120 min。

（4）考评内容及评分标准见下表。

考评内容及评分标准

序号	评分项	得分条件	评分标准	配分	扣分
1	安全 /5S/ 态度	□ 1. 能进行工位 5S 操作。 □ 2. 能进行设备和工具安全检查。 □ 3. 能进行车辆安全防护操作。 □ 4. 能进行工具清洁、校准、存放操作。 □ 5. 能进行三不落地操作	未完成 1 项扣 3 分，扣分不得超 15 分	15	
2	专业技能能力	□ 1. 能正确确定故障现象。 □ 2. 能根据正确诊断方法进行故障诊断。 □ 3. 能按照正确的故障维修思路和步骤进行故障检修。 □ 4. 能正确检测相关数据，并做好记录。 □ 5. 能够熟练操作工量具及检测仪器	未完成 1 项扣 10 分，扣分不得超 50 分	50	

学习笔记

续表

序号	评分项	得分条件	评分标准	配分	扣分
3	工具及设备的使用能力	□ 1. 能正确选用维修工具。 □ 2. 能正确使用故障诊断仪。 □ 3. 能正确使用测量工具。 □ 4. 能正确使用专用工具	未完成 1 项扣 5 分，扣分不得超 10 分	10	
4	资料、信息查询能力	□ 1. 能正确使用维修手册查询资料。 □ 2. 能正确使用用户手册查询资料。 □ 3. 能在规定时间内查询所需资料。 □ 4. 能正确记录查询资料章节页码。 □ 5. 能正确记录所需维修信息	未完成 1 项扣 2 分，扣分不得超 10 分	10	
5	数据判读和分析能力	□能判断发动机相关部件是否需要维修或更换	未完成 1 项扣10分，扣分不得超 10 分	10	
6	表单填写与报告的撰写能力	□ 1. 字迹清晰。 □ 2. 语句通顺。 □ 3. 无错别字。 □ 4. 无涂改。 □ 5. 无抄袭	未完成 1 项扣 1 分，扣分不得超 5 分	5	
合计				100	

四、考评报告

说明：考评分为理论考评和实操考评，理论考评根据项目要求以及考评模板格式制定项目实施方案，方案经教师审核合格后，方可进行实操考核。考评报告模板详见附录 A。

学习笔记

拓展阅读——做一名妙手回春的汽车医生

汽车不仅有常规的问题，还会患上各种“疑难杂症”，汽车维修人员相当于汽车医生，对汽车各种故障现象必须能够望闻问切，必须具备辩证思维和发散思维追寻真相。

刘亮正是在不断解决汽车疑难杂症过程中，逐渐确立了自己在维修行业内的高手地位。

维修行业很少有人愿意接别人修了一半的车，原因不外乎一是修好了是别人的功劳，修不好显得自己无能。二是原始故障好查找，而在维修过程中由于不正确操作，人为制造的故障很难找到。往往这类故障又是在无意识情况下制造的，没有什么规律可言，可谓故障加故障。

刘亮为了不断提升自己的水平，主动承担一些老大难故障车的维修，每一次完成维修任务都感觉自己像一名妙手回春的医生。

一次接到一辆奔驰 560SEL，加速无力、冒黑烟。经多位能人之手未果。刘亮经过整整三天才找到问题，原来是流量分配器中的一个密封圈在维修人员装配时损伤，引起燃油泄漏。由于目前国内维修厂不具备试验设备，也不供应修理包，因而不主张对流量分配器进行大拆大卸。当所有检测结果都指向流量分配器时，在车主不愿意更换新的分配器情况下，进行解体才发现故障原因。看似非常简单的结果，其经历却值得长时间回味。在这则案例中，本不该怀疑流量分配器有问题，而且由于流量分配器总成价格昂贵，没有 95% 以上把握是不敢轻易怀疑它的。但最后导致怀疑流量分配器的直接原因一方面由于维修工技术水平不断提高，好奇心越来越强，过去不敢拆的现在都敢大拆大卸，所以越是认为不可能有问题的地方反而要刻意地去想一想。另一方面通过各种检验方法，比如单缸断火断油试验、尾气检测分析、电磁差压阀试验等进行最后确认。总之，在故障处理过程中想那些过去不敢想的问题或者过去不屑一顾的问题，这就是典型的辩证思维与发散思维的思维方法。一台标致电控燃油喷射发动机更换了一侧缸垫后，发动机启动后最高转速只能达到 1 500 r/min 左右。20 天后，此车由一专修厂技术员和修理工相伴转到刘亮手里。在仔细了解故障后，特意追问维修工出现以上故障都做过哪些处理，是怎么处理的，现在对故障是怎么想的。他表示了换缸垫以后进行了必要的正时校正以外没有动过其他地方。听完他诚恳的表述，感觉他是一个负责任的维修工。

启动发动机，运转基本正常，就是转速上不去。仪器检查，排放正常、没有故障码、各系统都正常，基本判定加速信号不良。随后，检查曲轴位置传感器。大家知道，CKP 传感器负责提供点火和喷油时刻，确认活塞位置信号，用于提供活塞上止点、曲轴转角及发动机转速。该车为霍尔式 CKP 传感器，这种传感器感知在曲轴后端沿、加装刻有长方形孔槽的位置。计算机根据这些位置，测定气缸上止点，并根据变化频率测定发动机转速，一并送达信息处理中心。第一次检查 CKP 传感器时由于手边没有示波器，用万用表检查输入信号为 8 V，脉冲信号高电位 5 V，低电位 0.3 V，电流与信号、电源与接地两端电阻均为无穷大，又是一切正常，又陷入困境。再经反复检查试验，问题还是指向 CKP 传感器，这时最好的办法是做波形分析，但的确一时借不到示波器，只好想办法进行旁证。

随即在燃油系统接上油压表，启动发动机，转速提至 1 500 r/min 再也提不上去时，用鲤鱼钳逐渐用力夹紧燃油回油管，油压增至 280 Pa 左右，发动机转速瞬间增至 5 000 r/min 左右，但排气管冒着浓浓的黑烟。立即停机，断定 CKP 传感器在接收信号过程中有问题。因为夹住燃油回油管，实际上是提高了燃油压力，喷油嘴在一定的开启时间内向缸内喷的油多了，而在这之前测得的燃油压力是正常的。在夹住回油管之后,压力比正常值高很多，显然这种现象是用大量的燃油来弥补提前角不足造成的后果。随即抬下变速器，发现修理工为了对正时，按照习惯做法转动曲轴时将工具插进了飞轮后面的信号圈的孔槽里，造成孔槽变形。由于变形不太严重，只有在高速时影响 CKP 传感器在接收信号过程中产生混乱，致使计算机进入保护行程，在这种情况下一般没有故障码输出。最后，修复信号圈，故障排除。

思考：这是一起典型的利用发散思维与辩证思维诊断故障的经历，将上述维修过程用思维导图画出来。你有决心做一名妙手回春的汽车医生吗？如果想，那么怎样才能成为一名真正的妙手回春的汽车医生呢？请谈谈你的想法。

学习笔记

学习笔记

附录 A　学习考评报告

考评报告

<table>
<tr><td colspan="2">项目名称：</td><td colspan="2">考核时间：30 min（理论）+90 min（实操）</td></tr>
<tr><td>姓名：</td><td>班级：</td><td>学号：</td><td rowspan="3">教师签字：</td></tr>
<tr><td>自评：□合格
□不合格</td><td>互评：□合格
□不合格</td><td>师评：□合格
□不合格</td></tr>
<tr><td>日期：</td><td>日期：</td><td>日期：</td></tr>
<tr><td colspan="4">检修方案</td></tr>
</table>

第一部分　车辆信息记录

品牌		整车型号		生产日期	
发动机型号		发动机排量		行驶里程	
车辆识别码					

第二部分　场地安全、设备设施和工量辅具准备

序号	名称	规格	数量
1			
2			
3			
4			
5			
6			
7			
…			

第三部分　检修项目

序号	检测项目	检测情况	标准值或极限值	检查结果	维修措施
1					
2					
3					
4					

第四部分　更换和调整资料查询记录

序号	作业项目	紧固和调整标准
1		
2		
3		
4		

第五部分　项目总结

注：表格不足可加行。

学习笔记

学习笔记

参考文献

[1] 胡建军 . 思维方法与汽车故障诊断（一）：正确思维与汽车故障诊断的关系 [J]. 汽车维修与保养，2005(7):62-64.

[2] 胡建军 . 思维方法与汽车故障诊断（二）：如何培养正确思维方法 [J]. 汽车维修与保养，2005(8):49-50.

[3] 胡建军 . 思维方法与汽车故障诊断（三）：思维训练：形象思维与逻辑思维 [J]. 汽车维修与保养，2005(9):53-55.

[4] 胡建军 . 思维方法与汽车故障诊断（四）：思维训练：发散思维与辨证思维 [J]. 汽车维修与保养，2005(10):58-60.

[5] 李春明 . 汽车故障诊断方法与维修技术 [M]. 北京：北京理工大学出版社，2009.

[6] 孙志刚，董大伟 . 汽车故障诊断与排除 [M]. 北京：北京理工大学出版社，2011.

[7] 弋国鹏，赵宇，张颖，等 . 汽车检测与维修竞赛案例集 [M]. 北京：机械工业出版社，2018.

学习笔记